I0123779

जीत निश्चित है!

कोशिश करने वालों के सिर्फ दो वर्ग हैं - एक तो सफल और दूसरे सफलता के लिए संघर्षरत।

लेखक

संजीव मनोहर साहिल

वी एण्ड एस पब्लिशर्स

प्रकाशक

वी एण्ड एस पब्लिशर्स

F-2/16, अंसारी रोड, दरियागंज, नयी दिल्ली–110002
23240026, 23240027 • फैक्स: 011-23240028
E-mail: info@vspublishers.com • *Website:* www.vspublishers.com

शाखा: हैदराबाद
5-1-707/1, ब्रिज भवन (सेन्ट्रल बैंक ऑफ इण्डिया लेन के पास)
बैंक स्ट्रीट, कोटी, हैदराबाद–500 095
040-24737290
E-mail: vspublishershyd@gmail.com

शाखा : मुम्बई
जयवंत इंडस्ट्रिअल इस्टेट, 2nd फ्लोर - 222,
तारदेव रोड अपोजिट सोबो सेन्ट्रल मॉल, मुम्बई - 400 034
022-23510736
E-mail: vspublishersmum@gmail.com

फ़ॉलो करें:

हमारी सभी पुस्तकें **www.vspublishers.com** पर उपलब्ध हैं

© कॉपीराइट: संजीव मनोहर साहिल

ISBN 978-93-815885-0-5

संस्करण: 2016

भारतीय कॉपीराइट एक्ट के अन्तर्गत इस पुस्तक के तथा इसमें समाहित सारी सामग्री (रेखा व छायाचित्रों सहित) के सर्वाधिकार प्रकाशक के पास सुरक्षित हैं। इसलिए कोई भी सज्जन इस पुस्तक का नाम, टाइटल डिजाइन, अन्दर का मैटर व चित्र आदि आंशिक या पूर्ण रूप से तोड़-मरोड़ कर एवं किसी भी भाषा में छापने व प्रकाशित करने का साहस न करें, अन्यथा कानूनी तौर पर वे हर्जे-खर्चे व हानि के जिम्मेदार होंगे।

मुद्रक: परम ऑफसेटर्स, ओखला, नयी दिल्ली–110020

प्रकाशकीय

कभी–कभी लोग खुद को साधारण इनसान मानकर कुछ अनचाही परिस्थितियों के कारण अपने भीतर छिपी शक्तियों को जान नहीं पाते और जैसे हैं, उसी जीवन से सन्तुष्ट हो जाते हैं, जबकि उनके भीतर क्षमताओं व शक्तियों का असीम भण्डार छिपा हुआ है, आवश्यकता है, उन्हें जानने, पहचानने और उनका सही उपयोग करने की।

किसी भी व्यक्ति को विजय-प्राप्ति अर्थात् सफलता के लिए कोई अतिरिक्त प्रयास नहीं करना है, अपितु अपनी छिपी शक्तियों का उपयोग करना है। सफल सभी होना चाहते हैं, जीवन की आपा-धापी, प्रतिस्पर्द्धात्मक दौड़ में, सभी कार्यों में, सभी हमेशा सफल हो जायें, यह सम्भव नहीं। लेखक ने इन्हीं कारणों, सम्भावनाओं व समस्याओं की ओर संकेत करते हुए मनोवैज्ञानिक ढंग से कुछ सुझाव, उपाय बताये हैं, जिन्हें अपनाकर प्रत्येक व्यक्ति अपने जीवन की स्पर्द्धा में विजेता बन सकता है।

इस प्रकार की पुस्तकें प्राय: कम मिलती हैं, जिनमें जीवन की इस ज्वलन्त समस्या पर कुछ लिखा गया हो। इस पुस्तक की यही विशेषता है कि इसमें जीवन के प्रत्येक स्तर पर सफल होने या विजेता बनने के उपाय अनेक रोचक उदाहरणों सहित दिया गये हैं, जिन्हें पढ़कर, गुनकर और अपनाकर आपकी भी **'जीत निश्चित है!'** आशा है, यह पुस्तक आपको अच्छी व उपयोगी लगेगी। यदि आपका उत्साहवर्द्धन मिला, तो ऐसी पुस्तकें प्रकाशित करने का हमारा साहस बढ़ेगा।

–प्रकाशक

To know more about VBKL-Project, Please visit the website—
www.vbklmanohar.in

VBKL—Project के उद्देश्य (आगे के पृष्ठों में दिया गया है) को सपोर्ट करके आप भी इस प्रोजेक्ट में शामिल हो सकते हैं। चलिए एक अच्छे कार्य को करने के प्रयास हेतु मिलकर सफर करें। आपका सपोर्ट मि. मनोहर लाल गंगवार के लिए बेहद मूल्यवान होगा। यद्यपि उनका पार्थिव शरीर आज दुनिया में नहीं है लेकिन अपने विचारों के माध्यम से वह लगातार सक्रिय हैं। आप चाहे तो उन्हें सपोर्ट कर सकते हैं।

There is an option on the Home Page of VBKL Project :

Support@VBKL Project

Just click on it and file the details to support the VBKL-Project. Confirm before you support that you have studied the objective of VBKL-Project.

मेरे अन्दर अधिकांश विचार
मेरे पिता जी के भरे हुए हैं।
यह पुस्तक उन्हें समर्पित है
जिन्होंने जन्म दिया और जीवन भी।

अच्छे कार्य हेतु मिलकर सफर करें। आपका सपोर्ट मि. मनोहर लाल गंगवार के लिए बेहद मूल्यवान होगा। आज वह दुनिया में नहीं है लेकिन अपने विचारों के माध्यम से वह लगातार सक्रिय हैं। आप चाहें तो उन्हें सपोर्ट कर सकते हैं।

पिता श्री मनोहर लाल एवं
माता श्रीमती सोमवती देवी को समर्पित

विजेता बनने के लिए [VBKL] प्रोजेक्ट

1. विजेता बनने के लिए   3.
2. जीत निश्चित है!   4.
5.

To know more about VBKL Project, Please visit the website:www.vbklmanohar.in
VBKL-Project के उद्देश्य को Support करके आप भी इस प्रोक्ट में शामिल हो सकते हैं।

Objective of VBKL-Project

VBKL-Project का उद्देश्य यही 2 या 3 पृष्ठ VBKL-Project का निचोड़ है और भविष्य में इस प्रोजेक्ट की रूपरेखा भी। VBKL-Project को Support करने का अर्थ है कि आप Objective of VBKL-Project से सहमत हैं और उसे Support भी करते हैं।

स्वकथन

विजेता बनने के लिए (भाग-2) ''जीत निश्चित है!'' के नाम से प्रस्तुत है।

इस पुस्तक का लेखनकार्य मेरे लिए एक घटना की तरह से रहा। मेरी योजना थी कि मैं इसे वर्ष 2006 के अन्तिम महीनों में लिखूँगा, लेकिन 5 मार्च 2005 की शाम को मुझे यह एहसास हो चुका था कि आने वाला समय मेरे लिए कुछ मुसीबतें लेकर आयेगा। इस दिन से पहले मैं अपने अध्ययन कार्य में व्यस्त था। व्यक्तिगत कारणों से उत्पन्न इस दुःख की तीव्रता दिन पर दिन बढ़ने लगी। अब मुझे अपना अध्ययन कार्य जारी रखना मुश्किल प्रतीत होने लगा। अन्ततः सबकुछ छूट गया। कभी-कभी बीती यादें भी इनसान को तोड़कर रख देती हैं।

वह समय अध्ययन की दृष्टि से मेरे लिए अधिक महत्त्वपूर्ण नहीं था। शायद इसलिए मैंने मानसिक पीड़ा को अपना कार्य करने के लिए स्वतन्त्र छोड़ दिया और खुद पर नियन्त्रण रखने का कोई प्रयास न किया। फिलहाल 5 मार्च 2005 से मेरे दिन बिना किसी परिणाम के गुजरने लगे। आने वाले एक माह तक मैं कुछ भी न कर सका। 8 अप्रैल 2005 को रोज की तरह मुझे नींद नहीं आ रही थी। रात के 2.30 हो चुके थे। अचानक मैंने एक निर्णय लिया कि यदि अध्ययन नहीं कर पा रहा हूँ, तो कुछ तो किया ही जाये। वैसे भी मैं सोचता हूँ कि दुख की स्थिति में मनुष्य को अपना सर्वाधिक मनपसन्द कार्य करना चाहिए। मैं चारपाई से उठा, लाईट्स ऑन कीं, कुछ कागज अपनी टेबल पर रखे और उनमें से एक कागज पर लिखा – **''जीत निश्चित है!''**

इसके बाद मैं दिन और रात के अन्तर को भूल गया और लगातार काम करने लगा। 24 अप्रैल 2005 को अचानक एक और बड़ी समस्या आयी। उस रात मैं दृष्टिकोण (Attitude) पर लिख रहा था। घर से रात के 12.53 पर फोन आया। पिता जी की तबीयत दिन में बहुत खराब हो गयी थी और अब उन्हें अस्पताल में भर्ती किया जा चुका था। मेरे मस्तिष्क ने काम करना बन्द कर दिया। 25 अप्रैल 2005 की सुबह जब मैं घर पहुँचा, तो घर में सन्नाटा पसरा हुआ था। 1 मई 2005 को पिता जी के हास्पिटल से वापस आने के बाद 3 मई 2005 को मैं दिल्ली वापस आ गया। मैं इस पुस्तक को 2006 में लिखना चाहता था लेकिन इसकी रूपरेखा मेरे पास बहुत पहले से ही थी। शायद इसीलिए मैंने मई के दूसरे सप्ताह (11 मई 2005) तक पूरी पुस्तक को लिख लिया था। बस पुस्तक में परिमार्जन का कार्य ही शेष था। लेकिन कठिन समय से मेरा पीछा अभी छूटा न था। 17 मई 2005 को मेरी बुआ जी का कैंसर के

चलते स्वर्गवास हो गया। डाक्टर्स जवाब दे चुके थे। घर के सभी छोटे सदस्यों को इस अनहोनी की आशंका से वंचित रखा गया था। 13 अगस्त 2005 को रात के 4 बजे मेरे पास फिर एक फोन आया। छोटी बहन ने बताया कि पापा को खून की उल्टियाँ आयी हैं। अन्तत: वह भी घटित हुआ, जिसकी कल्पना मैंने अभी तक नहीं की थी। 21 अगस्त 2005 को महज 55 वर्ष की आयु में उन्होंने अपनी अन्तिम साँस ली। तब मैंने पहली बार अनुभव किया कि एक पल में भी दुनिया बदलती है। पापा ने जीवनभर संघर्ष किया। उन्हें सुख न मिला। उनकी बहुत-सी अभिलाषाएँ अधूरी रह गयीं। लेकिन उन्हें करीब से जानने वाले लोग जानते हैं कि उन्होंने अपनी अभिलाषाएँ पूरी करने के लिए कभी गलत मार्ग का चयन न किया। पापा ने एक साहसिक और ईमानदारी से भरा हुआ जीवन जिया। उनका जीवन एक सार्थक जीवन था और जीवन का सत्य सुख अर्जित करने से कहीं अधिक जीवन की सार्थकता में है। जीवन का सौन्दर्य सार्थकता से परे महज सुख में खोजना निर्मूल है, निरर्थक है। यही कारण है कि मेरे जीवन का सबसे बड़ा सन्तोष, सबसे बड़ा गौरव यह है कि मेरी नसों में श्री मनोहर लाल गंगवार और मेरी माँ का खून दौड़ रहा है। मैं इस बात पर पल-पल गौरवान्वित होता हूँ कि मैं उस व्यक्ति का बेटा हूँ, जिसने आज के इस भ्रष्ट युग में भी एक सार्थक जीवन का सपना देखने की हिम्मत की और उसे यथासम्भव जिया भी। फिलहाल लक्ष्य बदल गये, रास्ते बदल गये। उमंगों ने जिम्मेदारी का बड़ा रूप धारण कर लिया। घरवालों के लिए यह एक बेहद दुखद घटना थी, संसार के लिए यह एक सत्य घटना थी, पर मेरे लिए यह एक संकल्प था कि मुझे अपने पापा के विचारों को संसार तक पहुँचाना है। पुस्तकें मैं तैयार करता हूँ, पापा के विचारों को विस्तार भी मैंने ही दिया है, लेकिन इन विचारों का मूल रूप मुझे अपने पापा से ही मिला है। **''विजेता बनने के लिए''** नाम का यह प्रोजेक्ट सच्चे अर्थों में उन्हीं का प्रोजेक्ट है। मैं तो एक माध्यम भर हूँ। **इस प्रोजेक्ट के तहत मुझे पाँच पुस्तकें लिखनी हैं प्रस्तुत पुस्तक ''जीत निश्चित है!'' इस श्रृंखला की दूसरी पुस्तक है।** मैं नहीं जानता कि **''विजेता बनने के लिए (VBKL)''** नाम का यह प्रोजेक्ट संसार के लिए कितना लाभदायक हो सकता है। मेरा काम तो सिर्फ इतना है कि पापा ने अपनी पैतृक सम्पत्ति के रूप में अपने जो विचार मेरे पास इस संसार के लिए छोड़े हैं, मैं उन्हें (विचारों को) सावधानीपूर्वक लोगों तक पहुँचाऊँ। फिलहाल 27 अगस्त 2005 को जब हमलोग अपने गाँव नरायनपुर (जिला-पीलीभीत, उत्तर प्रदेश) से पापा का अन्तिम-संस्कार करके घर वापस आ रहे थे, तो प्लेटफार्म पर ही फिर एक फोन पहुँचा। मेरे चाचा श्री सुरेश गंगवार का हार्ट अटैक से देहान्त हो चुका था। न जाने क्यों समय की गति मुझे बहुत तेज लग रही थी। 24 दिसम्बर 2006 को मेरी चाची का देहान्त, 24 फरवरी 2007 को मेरे बड़े जीजा जी की माँ का देहान्त, 20 मार्च 2007 को मेरे एक चाचा का देहान्त और बाद में मेरे छोटे जीजा जी के पिताजी का देहान्त बेहद दुखद घटनाएँ रहीं।

'दीक्षा' सदैव कहती थी कि उसका एक नहीं दो मामा हैं। 6 वर्ष की वह छोटी बच्ची मुझे बहुत प्यार करती थी। मुझे भी उससे अत्यधिक लगाव हो चुका था। पर

कैंसर के चलते वह मासूम बच्ची इस छोटी आयु में ही दुनिया छोड़ चली। 10 मार्च 2007 को दिल्ली के आर.आर. अस्पताल में उसने अपनी अन्तिम साँस ली थी। जीवन की गति मुझे बहुत तेज लग रही थी।

इन्हीं परिस्थितियों के बीच पुस्तक में सुधार किया गया है। इस पुस्तक के लेखन कार्य, परिमार्जन एवं इसके प्रकाशन के बीच की अवधि मेरे व्यक्तिगत जीवन के लिए प्रतिकूल रही है।

मनुष्य के जीवन में अकसर मुसीबतें इकट्ठी ही आती हैं। उसे एक मेमना समझकर सिंह की भाँति उस पर टूट पड़ती हैं। उनके बारे में तो यही कहा जा सकता है कि हमें उनका मुकाबला साहस से करना है। इस पुस्तक का लेखनकार्य एवं पुस्तक में परिमार्जन ऐसी ही प्रतिकूल परिस्थितियों में किया गया है, लेकिन मैं पूरे विश्वास के साथ कह सकता हूँ कि पुस्तक की अवधारणाओं (Concepts) पर मैंने अपने व्यक्तिगत दुख को हावी नहीं होने दिया है। मुझे पूरा विश्वास है कि यह पुस्तक युवाओं के साथ-साथ सभी वर्गों के पाठकों के लिए बेहद उपयोगी साबित होगी।

पुस्तक ''जीत निश्चित है!'' के बारे में दो शब्द

2020 तक भारत को एक विकसित राष्ट्र में बदलने के लिए युवाओं को सबसे महत्त्वपूर्ण भूमिका निभानी है। उनके मस्तिष्क में उठती अशान्ति को शान्ति में बदलने के लिए पुस्तक में ठोस प्रेरणा को समाहित किया गया है। इस पुस्तक में एक ऐसी प्रेरणा समायी हुई है, जो जरूरतमन्द व्यक्ति का जीवन बदल सकती है। पुस्तक के मुख्य आकर्षण इस प्रकार हैं।

1. Concept of Basic Powers
2. Concept of Application of basic Powers to Physical things
3. Concept of Courage
4. Concept of Decision
5. Concept of Firm-Determination
6. Concept of Occurence of Events in the soul
7. Tree of basic powers

मुझे पूरा विश्वास है कि यह पुस्तक पाठकों में एक सकारात्मक ऊर्जा का संचार करेगी। यद्यपि इस बात का निर्धारण पुस्तक के प्रभाव को देखने के बाद ही किया जा सकेगा। लेकिन मैंने अपना काम पूरी ईमानदारी एवं लगन से किया है। मैं अपनी निष्ठा में कोई कमी महसूस नहीं करता और इसलिए मुझे विश्वास भी है।

मेरे अधिकांश विचारों का सृजन (पापा के मूल विचारों के आधार पर) समाज में प्रतिदिन घटित होने वाली घटनाओं एवं लोगों के सामान्य व्यवहार को देखकर होता है। जबकि कुछ विचार मैं अपने मित्रों से बातचीत के दौरान उनके मुख से निकलने वाली बातों के आधार पर सृजित करता हूँ। इस बार इसका सर्वाधिक श्रेय पंकज सर एवं इसके बाद शरद, विश्वदेव को जाता है। अन्य प्रमुख सहयोगियों में कुमार रोहित

(सोनू), त्रिलोक्या साउद, प्रसून (लकी), बाबू साहिब प्रमुख हैं। मित्र राहुल कुमार सिंह (हल्द्धानी) और अमित कुमार (बेलागंज, गया) ने पुस्तक की अन्तिम स्क्रिप्ट (पाण्डुलिपि) की समीक्षा करके अपने योगदान को हमेशा के लिए यादगार बना दिया है। मित्र अमित अग्रवाल (कोंच, जालौन) से मेरी पहली मुलाकात नवम्बर 2005 में हुई थी। इतने कम समय में किसी से निकटता होने की घटनाएँ मेरे जीवन में बहुत कम हैं। अमित ने मेरे प्रतिकूल समय में प्रत्येक स्तर पर मेरा सहयोग करके इस पुस्तक के परिमार्जन कार्य में अप्रत्यक्ष रूप से महत्त्वपूर्ण सहयोग दिया है। मेरे कठिन समय के साथी एवं इस प्रकार अप्रत्यक्ष सहयोग देने वालों में मित्र प्रमोद (बलिया, उ0प्र0) का नाम भी बेहद महत्त्वपूर्ण है। पुस्तक के सृजन में मदद देने वाले ये सभी मित्र धन्यवाद के पात्र हैं।

घर के सभी सदस्यों ने पापा की मृत्यु **(संसार के अनुसार)** के बाद अधिकांश जिम्मेदारियाँ खुद पर ओढ़कर मुझे एक पर्याप्त हद तक दबाब से दूर रखा, जिसके कारण मैं इस पुस्तक में सुधार एवं अपना अध्ययन जारी रख सका। सच तो यह है कि इन लोगों के सहयोग के बिना मेरा कार्य आगे बढ़ना सम्भव नहीं था।

अन्त में यही कहना चाहूँगा कि यदि आज पापा का शरीर इस संसार में होता, तो वह देख सकते थे कि मैंने उनके ड्रीम प्रोजेक्ट का दूसरा भाग लिखकर एक कदम और बढ़ा दिया है। यद्यपि उनका शरीर आज पृथ्वी पर नहीं है, लेकिन जब तक किसी व्यक्ति के विचार जीवित हैं, तब तक उसे मृत नहीं माना जा सकता। मैं जानता हूँ कि मेरे पापा आज भी जीवित हैं। फिलहाल मुझे प्रसन्नता है कि यह पुस्तक मैं संसार को सौंप चुका हूँ। तुम देख रहे हो न पापा!

21 अगस्त 2011, नई दिल्ली **– संजीव मनोहर साहिल**

विषय-सूची

मर्म आत्मज्ञान का

चार विद्वान बैठे हुए आपस में चर्चा कर रहे थे। यदि उनसे कोई पूछता है कि जीवन में महान् सफलता हासिल करने के लिए क्या किया जाये, तो उनका जवाब क्या होगा?

पहला - ''मैं उस व्यक्ति को कहूँगा कि तुम कोई भी कार्य करो, तो उसे पूरे मन और लगन से करो। यदि तुम अपने कार्य में डूब जाने की आदत का विकास कर लेते हो, तो तुम्हें कामयाब होने से नहीं रोका जा सकता।''

पहले व्यक्ति के शब्दों की प्रशंसा करने के बाद दूसरा कहने लगा - ''मैं उसका परिचय आत्मविश्वास की शक्ति से कराऊँगा। मैं उसे बताऊँगा कि खुद पर अटूट विश्वास रखने वाला व्यक्ति संसार का कोई भी कार्य सम्भव कर सकता है। आत्मविश्वास से बड़ी कोई दूसरी शक्ति इस संसार में नहीं है।

तीसरे विद्वान ने अपना मत रखा - ''मैं आप दोनों से सहमत हूँ, लेकिन अपने शब्दों में मैं उसे कहना चाहूँगा कि सफलता के लिए मन में तीव्र इच्छाशक्ति लेकर किया गया कठोर परिश्रम ही सफलता का दूसरा नाम है। कठोर परिश्रम से संसार का बड़े से बड़ा लक्ष्य प्राप्त किया जा सकता है। इसका दूसरा कोई विकल्प नहीं है।''

अन्ततः चौथे व्यक्ति ने अपने विचार कहे - ''आप तीनों के ही विचार उत्तम हैं, निश्चित ही आप लोग उस व्यक्ति को कामयाबी प्राप्त करने का एक उत्कृष्ट मार्ग दिखायेंगे। मैं आप सभी के विचारों को सुनकर सहमत हूँ एवं प्रफुल्लित हूँ। पर मेरा विश्वास है कि पृथ्वी पर जन्म लेने वाला प्रत्येक व्यक्ति क्षमतावान है। हाँ कभी-कभी लोग अनजाने में ही कुछ अनचाही परिस्थितियों के चलते अपने अन्दर की शक्तियों को जान नहीं पाते। इस प्रकार वे स्वयं को साधारण इनसान मानकर अपनी किसी भी स्थिति से सन्तुष्ट हो जाते हैं। मैं उन्हें कुछ भी न कहकर, सिर्फ इतना बताना चाहूँगा कि वे कितने शक्तिशाली हैं। मैं उन्हें उनकी क्षमताओं का, पृथ्वी पर उनके अस्तित्व के महत्त्व का एहसास कराना चाहूँगा। मैं उन्हें कहूँगा कि आपको ज्ञान नहीं है कि आप कितने महत्त्वपूर्ण हैं और आपके अन्दर क्षमताओं का कितना बड़ा भण्डार छिपा हुआ है। मैं उन्हें अन्दर से इतना मजबूत बनाने की अभिलाषा रखता हूँ कि वे जीवन की बड़ी से बड़ी कठिनाई का सामना साहस से कर सकें। मेरा विचार है कि जब किसी व्यक्ति को आत्मज्ञान की शिक्षा दे दी जाये अर्थात् उसे उसके महत्त्व एवं उसकी शक्तियों का एहसास करा दिया जाये, तो उसे कुछ और कहने की आवश्यकता नहीं है। यह जानकर कि मेरे पास तो इतनी क्षमताएँ हैं, वह स्वयं ही विजय के लिए भूखे सिंह की भाँति गर्जन करेगा। विजय के लिए आवश्यक आत्मविश्वास, दृढ़ इच्छाशक्ति, साहस, कठोर परिश्रम करने की अभिलाषा आदि सभी विशेषताएँ स्वतः ही उसके अन्तर्मन से जन्म लेंगी। इसके लिए उसे कोई अतिरिक्त प्रयास नहीं करना है, क्योंकि

यही मानव स्वभाव भी है। **जिस दिन व्यक्ति को अपनी इन शक्तियों के बारे में, जो सभी के अन्तःकरण में मौजूद हैं, का ज्ञान हो जायेगा, उस दिन वह आगे बढ़ने के समस्त रास्ते स्वयं ही खोज लेगा।**

यही कारण है कि मैं युवाओं के साथ-साथ सभी को मानसिक दृढ़ता (Mental Toughness) प्रदान करना चाहूँगा। उन्हें जीवन की कठोर से कठोर मुसीबत से लड़ने की योग्यता प्रदान करना चाहूँगा, उनकी शक्तियों का उन्हें एहसास कराना चाहूँगा। दूसरे शब्दों में मैं उन्हें आत्मज्ञान करवाने की इच्छा रखता हूँ।

किसी भी प्रकार की कामयाबी अर्जित करने के लिए पहले तुम्हें अपने बारे में जान लेने की आवश्यकता है और क्या तुम विश्वास कर सकते हो कि तुम अपनी क्षमताओं के बारे में तो कभी जान ही नहीं सकते अर्थात् तुम्हारे अन्दर कितनी क्षमताएँ हैं या तुम कितना कार्य कर सकते हो? यह जानना तुम्हारे वश के बाहर की बात है अर्थात् तुम्हारी क्षमताओं का अन्तहीन होना ही तुम्हारा अपने बारे में जानने के समान है। तुम जब कभी जो कार्य करना चाहोगे और जैसे ही उसकी तरफ ईमानदारी से कदम बढ़ाओगे, तुम अपने अन्दर उसी स्तर की क्षमताओं का विकास होता पाओगे। याद रखो, इस संसार में आज तक कोई ऐसा लक्ष्य तो हुआ ही नहीं है, जिसे प्राप्त करने के लिए मनुष्य की क्षमताएँ अपर्याप्त रह गयी हों।

- क्या आप जानते हैं कि आप शक्तिशाली हैं?
- क्या आप जानते हैं कि आपमें क्षमताओं का अद्‌भुत भण्डार छिपा हुआ है?
- क्या आप विश्वास कर सकते हैं कि चौथे विद्वान् के द्वारा कहा हुआ एक-एक शब्द सत्य है?
- यदि नहीं तो संसार का कोई ऐसा व्यक्ति तलाश कीजिए, जिसने विजेता बनकर ही जन्म लिया था, आपको नहीं मिलेगा।
- इसलिए विश्वास कीजिए कि आप शक्तिशाली हैं, आप क्षमतावान हैं। एक कामयाब जीवन का आनन्द भोगने के लिए ही आपने जन्म लिया है।
- पर, ध्यान रखिए कि महज कुछ पक्तियाँ पढ़ने से आपको कुछ भी हासिल नहीं होने वाला। पहले खुद पर विश्वास कीजिए कि यही सत्य है।
- आप इसकी सत्यता को कभी अनुभव कर पायेंगे या नहीं। यह सिर्फ इस बात पर निर्भर करता है कि आप इन शब्दों पर विश्वास करते हैं या नहीं?
- जिस दिन आपको विश्वास हो गया कि वास्तव में यह सत्य है, उस दिन संसार का प्रत्येक लक्ष्य आपके कदमों पर होगा। अपनी शक्तियों के अस्तित्व का विश्वास आपका जीवन बदल सकता है। आप स्वयं को महाशक्तिशाली अनुभव करेंगे।
- क्यों? क्या कारण है?
- क्योंकि यही मानव स्वभाव है।

आत्मज्ञान एवं सफलता

जब हम आत्मज्ञान की बात करते हैं, तो स्वत: ही कुछ प्रश्न खड़े हो जाते हैं। आत्मज्ञान! यह शब्द पढ़ने एवं सुनने में जितना साधारण लगता है, उतना है नहीं। यह शब्द खुद में एक बड़ी क्रान्ति समाहित किये हुए है। कहा जाता है कि मनुष्य खुद के बारे में सम्पूर्ण ज्ञान कभी प्राप्त नहीं कर सकता। एक सीमा तक यह सत्य भी है। पर, यहाँ पर तात्पर्य उस ज्ञान से है, जो प्रत्येक मानव की आन्तरिक शक्तियों के नाम से जाना जाता है। मनुष्य का एक ऐसा खजाना, जो संसार में सबसे अधिक मूल्यवान है और सभी के अन्त:करण में संचित है। मोतियों का एक ऐसा समूह जिसकी चमक के समक्ष संसार का कोई भी कार्य असम्भव नहीं है। तात्पर्य उस ज्ञान से है, जिसका जानना मात्र व्यक्ति को सफलता के चरम सु:ख का आनन्द प्रदान कर सके और वह इस संसार में एक कामयाब व खुशहाल जीवन का वाहक बन सके। जो व्यक्ति खुद की क्षमताओं से परिचित है, तो कामयाबी उसके लिए कठिन नहीं है और अपनी क्षमताओं से परिचय वास्तव में है क्या?

सिर्फ इतना विश्वास कि जो कार्य हम करना चाहते हैं, उसे करने के लिए आवश्यक क्षमताएँ हमारे अन्दर हैं। सत्य यही है मित्रों! कि प्रत्येक व्यक्ति के अन्त:करण में अद्भुत शक्तियों का वास है। आवश्यकता सिर्फ अपने महत्त्व एवं अपनी क्षमताओं पर विश्वास करने की है। उस व्यक्ति के लिए कामयाबी सिर्फ समय की बात है, जो पूरे विश्वास के साथ यह कह सकता है कि हाँ मैं ऐसा कर सकता हूँ।

सिडनी ओलम्पिक में आस्ट्रेलिया के युवा तैराक इयान थोर्पे ने 5 स्वर्णपदक जीते थे। दरअसल एटलाण्टा ओलम्पिक में जब आस्ट्रेलियाई दल बड़ी सफलता के साथ वापस लौटा था, तब उसका जोरदार स्वागत किया गया। दर्शकों में एक बच्चा भी था। वह इस स्वागत को देखकर बेहद प्रभावित हुआ था। तब उस बच्चे ने संकल्प किया था कि एक दिन वह भी अपने देश के लिए खेलेगा व नाम रोशन करेगा। यही बच्चा इयान थोर्पे था। जब उससे पूछा गया कि वह किस प्रकार सम्भव हुआ? ''मैं सोचता था कि मैं ऐसा कर सकूँगा'' - उसने कहा।

यही वह आत्मज्ञान है जिसके जानने मात्र से व्यक्ति कुछ भी कहने एवं करने का साहस कर जाता है। आत्मज्ञान होना एवं व्यक्ति का आत्मविश्वासी होना दोनों एक सिक्के के दो पहलू हैं। आत्मज्ञान का शाब्दिक अर्थ है- अपने बारे में ज्ञान। हम क्या कर सकते हैं? हमारे पास कितनी क्षमताएँ हैं? वास्तव में विवेक का इस्तेमाल करते हुए जिस कार्य के बारे में हम मजबूती से उसके सम्पन्न करने का दावा कर सकें, तो यही विश्वास उस कार्य के पूर्ण होने की गारण्टी भी है।

चुनौतियाँ! मनुष्य के जीवन का सबसे उज्ज्वल पक्ष है– चुनौतियाँ स्वीकार करना, उससे भागना नहीं। यह दिखाता है कि तुम स्वयं पर कितना विश्वास करते हो? यही आत्मविश्वास की सर्वोत्कृष्ट परिभाषा है। अचानक ही तुम्हारे मुख से कोई साहसिक शब्द निकलता है और तुम उसे सार्थक करने की जद्दोजहद में लग जाते हो। क्या तुम विश्वास कर सकते हो कि यह कुछ भी नहीं है सिवाय इसके कि तुम खुद के बारे में जानते हो कि किसी भी कार्य के पूर्ण होने के लिए आवश्यक परिश्रम तुम कर सकते हो। तुम जानते हो कि तुम्हारी क्षमताएँ तब तक बढ़ती ही जायेंगी, जब तक तुम चाहो। अर्थात् वे अन्तहीन हैं। इसलिए नहीं कि वे अन्तहीन ही हैं, बल्कि इसलिए क्योंकि उनका अन्त अभी तक जाना नहीं गया है। बस यही आत्मज्ञान है।

आत्मज्ञान व्यक्ति में आत्मविश्वास, साहस, दृढ़ इच्छाशक्ति, दूरदर्शिता, निर्णय लेने की क्षमता आदि ऐसे कई मानवीय गुणों का जनक है, जो कामयाबी प्राप्त करने के लिए अत्यन्त महत्त्वपूर्ण हैं। अधिकांश लोग यह मानने से झिझकते हैं कि हम बहुत कुछ बड़ा कर सकते हैं। हम पहले से ही भयभीत होकर किसी भी कार्य को एकदम से कठिन कह देते हैं। ऐसा कई बार होता है, जबकि किसी कार्य विशेष को आप कर सकते हैं, लेकिन फिर भी उसे हाथ में लेने का साहस आप नहीं जुटा पाते। आपका अन्तर्मन भी बार-बार कहने लगता है कि यह कार्य तो असम्भव ही है। इसका प्रमुख कारण होता है कि आपने निराशाजनक बातें सोचते-सोचते खुद को मानसिक एवं शारीरिक रूप से कमजोर बना लिया है। परिश्रम करने की कल्पना ही आपको भयभीत कर देती है। आप खुद को ही इतना निरीह बना लेते हैं कि परिस्थितियों से जूझने की क्षमता शनैः-शनैः नगण्य हो जाती है।

अनुशासित ढंग से लगातार व्यायाम करने से आपके शरीर की माँसपेशियाँ मजबूत होती जाती हैं। ठीक उसी प्रकार लगातार साहसिक कल्पनायें करने मात्र से व्यक्ति आन्तरिक रूप से मजबूत होता जाता है। संसार का ऐसा कोई भी लक्ष्य नहीं है, जिसे हम अपने परिश्रम के बल पर हासिल न कर सकें। इसके लिए हमें एक **स्वस्थ दृष्टिकोण** की आवश्यकता है।

याद रखिए मनुष्य का साहसिक दृष्टिकोण, उसके एवं बड़े से बड़े लक्ष्य के मध्य एक सेतु का कार्य करता है। वहीं किसी भी कार्य को पूर्ण करने के लिए आवश्यक कार्यशक्ति हमें प्रेरणात्मक रूप में प्राप्त होती है। प्रेरणा का श्रोत तो कुछ भी हो सकता है, लेकिन सबसे सुगम और प्रत्येक व्यक्ति के लिए उपलब्ध प्रेरणास्रोत, वह व्यक्ति ही स्वयं है, उसका अपना दृष्टिकोण है। बाह्य प्रेरणा लाभदायक है, लेकिन हमें उसपर निर्भर नहीं रहना चाहिए। इस सन्दर्भ में एक रोचक एवं सहज उपलब्ध उदाहरण है।

मेरा एक मित्र है। एक दिन वह मुझे अपने बचपन का एक संस्मरण सुना रहा था। जब उसने प्रथम बार साइकिल सीखने का प्रयास किया था, तो एक लड़के ने उसे यह कहकर साइकिल पर बिठा दिया कि तुम साइकिल चलाओ, घबराना मत, मैं पीछे से पकड़े हूँ। लड़के ने साइकिल को पीछे से पकड़ लिया

एवं वह साइकिल चलाने लगा। वह साइकिल चलाता जाता था। इधर लड़के ने कुछ समय बाद उसे बिना बताये साइकिल को पीछे से छोड़ दिया, पर वह अभी भी साइकिल चलाता जाता था। अचानक जब उसे एहसास हुआ कि वह साइकिल पर अकेला है, तो वह तुरन्त साइकिल सहित जमीन पर गिर पड़ा और चोट खा बैठा।

मैं विश्वास के साथ कह सकता हूँ कि इस प्रकार की घटनाएँ आपके साथ भी किसी न किसी रूप में घटित हो चुकी हैं। समझदार लोग अपने जीवन में घटी छोटी-छोटी घटनाओं का मर्म पहचानते हैं और सदैव सीखते रहते हैं। जैसे ऊपर लिखी घटना मनुष्य-जीवन का एक महत्त्वपूर्ण तथ्य बतलाती है।

A man who is self-motivated, is the best motivated.

इसी प्रकार वे लोग अपनी प्रगति के मार्ग बनाते जाते हैं। अन्तत: कामयाब होकर ही दम लेते हैं। विचार कीजिए कि कोई भी कामयाब या महान् व्यक्ति प्रारम्भ में एक साधारण इनसान ही रहा होता है। वह महान् या सफल बनता है, अपने उस कार्य से जिसने उसे इतनी ऊँचाइयाँ प्रदान की हैं। तब तो आपको विचार करना चाहिए कि ऐसी कौन-सी वस्तु है, जो आप दोनों में एक अन्तर उत्पन्न करती है।

ध्यान से झाँकिए, अपनी आन्तरिक शक्तियों की ओर, आपको ज्ञात होगा कि क्षमताएँ तो आपके पास भी हैं, शक्तिशाली तो आप भी हैं।

बस आपको अपनी शक्तियों पर विश्वास करने की आवश्यकता है।

❀ ❀

आत्मज्ञान से बढ़ें सफलता की ओर!

सफलता प्राप्त करना प्रत्येक मानव-जीवन का लक्ष्य है, एक ऐसा एहसास है, जो व्यक्ति को प्रसन्नता से परिपूर्ण कर देता है, जीवन को तथाकथित अर्थ प्रदान करता है, उसकी गुणवत्ता का निर्धारण करता है। सफलता का कोई निश्चित मापदण्ड, कोई निश्चित स्वरूप नहीं होता। कई रूप हैं, विभिन्न व्यक्तियों के लिए उसके अर्थ भी विभिन्न हैं। कोई धनवान होना चाहता है, कोई प्रसिद्धि और मान-सम्मान की प्राप्ति चाहता है, कोई धन एवं प्रसिद्धि दोनों के लिए ही लालायित है। कोई शान्तिपूर्वक सन्तोषी जीवन व्यतीत करना चाहता है, तो कोई ऐशो-आराम, भोग-विलास के जीवन का स्वप्नदर्शी है। सभी व्यक्तियों के लक्ष्य एक से नहीं होते। उनमें विभिन्नता है। पर इतना तो निश्चित है कि व्यक्ति सदैव अपनी प्रगति के स्वप्न देखता है। रूप कोई भी हो, लक्ष्य कोई भी हो, पर वह कामयाबी हासिल करना चाहता है। प्रश्न उठता है कि सफलता है क्या?

मानव द्वारा कृत कर्मों का इच्छित परिणाम ही सफलता है। जब कभी कोई व्यक्ति अपना इच्छित लक्ष्य प्राप्त कर लेता है, तब उसे अनुभव होता है कि वह सफलता प्राप्त कर चुका है। अनापेक्षित परिणाम दुःख देते हैं, व्यक्ति को निराश करने का बहाना बनते हैं और असफलता का अरुचिकर एहसास देते हैं। **निश्चित सिर्फ यह है कि सफलता एवं असफलता का मूल कर्म ही है। 'कर्म' के परिणाम ही उनके जनक हैं।**

प्रायः देखा जाता है कि कुछ व्यक्ति परिश्रम तो करते हैं, पर सफल नहीं हो पाते। देखा जाता है कि कुछ लोग कामयाबी के स्वप्न तो देख लेते हैं, किन्तु कर्म ही नहीं कर पाते। कुछ लोग सफल होना चाहते हैं, परिश्रम से भी नहीं घबराते, कर्म पर ही विश्वास करते हैं, किन्तु सही मार्ग और उचित मार्गदर्शन के अभाव में असफलता के अपयश के भागीदार बनते हैं। कुछ लोग पर्याप्त परिश्रम और आवश्यक योग्यता के बावजूद भी सफलता प्राप्त करने के लिए तरस कर रह जाते हैं। एक के बाद एक असफलता का दुःख उठाते हैं। कारण क्या है?

क्या इन लोगों की किस्मत में सफलता का सुःख लिखा ही नहीं है? और जवाब है कि ऐसा नहीं हो सकता। यह सत्य नहीं है। एक ऐसा व्यक्ति जो अपने जीवन में अनगिनत असफलताएँ सहन कर चुका हो, वह भी कामयाबी के कुछ बुनियादी रहस्य जानकर, उन्हें जीवन में उतारने के बाद सफलता के सर्वोच्च शिखर पर आसीन हो सकता है।

जिन्दगी से यह कहना गलत है कि उसने तुम्हें कुछ भी नहीं दिया है। कई बार तुम्हारे स्वप्न तमाम प्रयासों के बाद भी पूरे नहीं होते। लेकिन तब भी क्या जीवन रूक जाता है? जीवन कभी नहीं रूकता और चलते हुए को तुम असफल नहीं कह सकते। हाँ कभी–कभी जिन्दगी खुद ही तुम्हारे लिए मार्ग का चुनाव करती है। धैर्य रखो। तुम देखोगे कि यही उचित है। बस तुम्हारा मन पराजय स्वीकार न करे तो।

विश्वास कीजिए पृथ्वी पर जन्म लेने वाला प्रत्येक मनुष्य सफलता का अधिकारी है, संसार का कोई भी लक्ष्य प्राप्त करने में समर्थ है। सभी के अन्त:करण में अथाह शक्तियों का भण्डार छिपा है, सभी शक्तिशाली हैं, सामर्थ्यवान हैं। हाँ भूल करना, कभी-कभी निराश हो जाना, दु:खी हो जाना मानव-स्वभाव है। अनापेक्षित घटनाओं का सामना करना, कठिनाइयों एवं परेशानियों को सहन करना एवं दुखों से जूझना प्रत्येक मानव-जीवन का शाश्वत सत्य है। पर किसी भी प्रकार की कठिनाई एवं संघर्षों से सामना होने पर उन पर विजय प्राप्त करने की अभिलाषा रखना भी मानव-स्वभाव है। हाँ कुछ लोग जानबूझकर या परिस्थितियोंवश स्वयं को असमर्थ मानकर पराजय स्वीकार कर लेते हैं, जबकि मनुष्य की यह स्थिति सिवाय भ्रम के और कुछ भी नहीं है। अन्तत: ये लोग असफलता का दु:ख सहन करने को मजबूर हो जाते हैं।

क्या आपने एक साहसी बच्ची की कहानी सुनी है? वह बच्ची चार साल की आयु में डबल निमोनिया एवं काला बुखार की शिकार हुई। अन्ततः वह लकवे का शिकार हुई। उसे अपने नन्हें पैरों में ब्रेस पहननी पड़ी। नौ साल की आयु में डाक्टर्स के मना करने के बावजूद उसने ब्रेस उतार फेंकी और एक एथलीट बनने का सपना लेकर स्वयं को मानसिक रूप से तैयार करके अपनी शारीरिक अक्षमता को विजित करने के लिए अभ्यासरत हुई। जब 1960 के ओलम्पिक खेलों में 400 मीटर रिले रेस में चौथी एवं अन्तिम एथलीट साहसी विल्मा रूडोल्फ से बेटन छूट गयी, तो उसने पलक झपकते ही बेटन उठायी और इतनी तेज दौड़ी, इतनी तेज दौड़ी कि ..... 1960 के ओलम्पिक में विल्मा रूडोल्फ तीन स्वर्णपदक जीतकर संसार की सबसे तेज धाविका बनी।

आपको विश्वास करना चाहिए कि प्रत्येक व्यक्ति के अन्त:करण में क्षमताओं का अद्भुत भण्डार उपस्थित है। सभी कामयाब होने के लिए आवश्यक हथियारों से लैस हैं। लेकिन आपमें से कुछ लोगों की क्षमताएँ सुप्त अवस्था में हैं, आपके हथियार निष्क्रिय अवस्था में हैं। आवश्यकता है बस एक प्रेरणा की। आवश्यकता है। उन्हें यह बताने एवं अन्तत: यह विश्वास करने को मजबूर कर देने की कि आप शक्तिशाली हैं, आप सफल होने के लिए ही बने हैं। आवश्यकता है उनपर विश्वास दिखाने की। आवश्यकता है उनके लिए उचित मार्गदर्शन की एवं उनकी आन्तरिक शक्तियों की मजबूत सतह पर उपस्थित निराशा एवं खुद पर ही अविश्वास की गर्द हटाने की। आवश्यकता है उन्हें यह विश्वास दिलाना कि सफलता उनके बायें हाथ का खेल है। उन्हें उनकी शक्तियों की पहचान कराना, उनका सिंहत्व जागृत हो या उन्हें आत्मज्ञान कराने की आवश्यकता है, बस।

तो हम चलते हैं, जीवन के उन छोटे-छोटे रहस्यों की ओर, उन छोटी-छोटी बातों की ओर, जिनका सही ज्ञान न होने के अभाव में लाखों-करोड़ों लोग निराशा के समुद्र में गोते लगाते हुए सफलता के किनारे पर आने को छटपटा रहे हैं। वे नहीं जानते कि किनारे पर पहुँचना कठिन नहीं है, बस उन्हें सही दिशा में अपनी शक्तियों का उपयोग करना है। तब संसार का प्रत्येक लक्ष्य उनकी मुठ्ठी में है। यह संसार उनका है और समस्त खुशियाँ उनकी हैं।

तो हम चलते हैं अपनी ही शक्तियों की खोज के एक ऐसे संसार में, जहाँ आशा है, जहाँ विश्वास है और जहाँ सफलता है। जहाँ कुछ नहीं है, तो निराशा, असफलता एवं पराजित हो जाने का भाव।

मौलिक क्षमताएँ

मैं आत्मविश्वासी हूँ

साधारण बोलचाल के सन्दर्भ में इन शब्दों का कोई अर्थ हो सकता है, लेकिन वास्तव में ये तीन शब्द अर्थहीन हैं। जब तक इनके साथ किसी भौतिक वस्तु (भौतिक लक्ष्य) को न जोड़ा जाये, इनका कोई प्रासंगिक अर्थ नहीं निकलता। अर्थात्

- मुझे स्वयं पर पूरा विश्वास है कि **मैं इस परीक्षा में कामयाब हो जाऊँगा।**
- मुझे विश्वास है कि **मैं दस किलोमीटर दौड़ सकूँगा।**
- मुझे विश्वास है कि **मैं उस वस्तु को प्राप्त कर सकूँगा।**

ठीक इसी प्रकार, मैं साहसी हूँ, वह दृढ़ इच्छाशक्ति वाला है, तुम्हारा दृष्टिकोण सकारात्मक है।

ये तीनों पक्तियाँ तभी अर्थ देती प्रतीत होती हैं, जबकि इनके साथ किसी भौतिक लक्ष्य को जोड़ा जाये। जैसे -

- **मैं इस मैदान के दस चक्कर लगाने का साहस कर सकता हूँ।**
- **वह किसी भी कठिन कार्य को कर सकता है,** क्योंकि वह दृढ़ इच्छाशक्ति वाला व्यक्ति है।
- **असफलताओं के प्रति** तुम्हारा दृष्टिकोण सकारात्मक है। यही कारण है कि तुम सरलता से हार नहीं मानते हो।

अब यदि किसी व्यक्ति के व्यक्तित्व में ये शक्तियाँ (आत्मविश्वास, साहस, दृढ़ इच्छाशक्ति, सकारात्मक दृष्टिकोण आदि) समाहित पायी जाती हैं, तो इसका स्पष्ट अर्थ है कि उसने खुद के अन्दर इन शक्तियों का विकास किया है। सर्वप्रथम किसी भौतिक वस्तु के सन्दर्भ में ही उसके अन्दर ये गुण विकसित हुए हैं। एक बार जब किसी व्यक्ति के अन्दर विश्वास जाग उठता है, तो फिर वह किसी भी कार्य को करने के लिए खुद को सक्षम पाता है। ध्यान दीजिए, जब वह छोटा (बच्चा) था, तो क्या वह किसी भौतिक वस्तु के बारे में जानता था? क्या वह किसी प्रकार की सफलता प्राप्त करने के लिए प्रयासरत था?

मनुष्य द्वारा कामयाबी प्राप्त करने के लिए आवश्यक शक्तियाँ सही अर्थों में तब अस्तित्व में आती हैं, जबकि उनका किसी भौतिक वस्तु से जुड़ाव भी हो।

अर्थात् कामयाबी प्राप्त करने के लिए आवश्यक, मनुष्य की ये विशेषताएँ एक उचित समय पर उसके अन्दर तब जन्म लेती हैं, जबकि वह सांसारिक वस्तुओं (विभिन्न लक्ष्य) से जूझने की शुरुआत करता है।

कोई व्यक्ति चाहे कितना भी असफल क्यों न हो, पर कुछ क्षेत्र ऐसे अवश्य होते हैं, जबकि उसे अपनी सफलता पर विश्वास होता है। भले ही वे क्षेत्र निरर्थक हों। अर्थात् उसने उस क्षेत्र विशेष के लिए अपनी मौलिक क्षमताओं का विकास किया है।

अर्थात् ये विशेषताएँ मौलिक (जन्म से ही किसी व्यक्ति में होना) नहीं हैं। कोई भी व्यक्ति इनका खुद के अन्दर विकास कर सकता है।

लेकिन जिस प्रकार बिना बीज के वृक्ष नहीं उग सकता। ठीक इसी प्रकार इन शक्तियों के जन्म लेने के लिए मनुष्य के अन्दर कोई न कोई मौलिक शक्ति बीज रूप में होनी चाहिए।

क्या इस बीज रूपी मौलिक शक्ति को हम प्रत्येक मनुष्य की मौलिक क्षमताएँ कह सकते हैं?

❋ ― ❋

प्रत्येक मनुष्य अपनी मौलिक क्षमताओं का विकास अवश्य करता है। बस कुछ लोगों की दिशा सही होती है, जबकि कुछ की गलत।

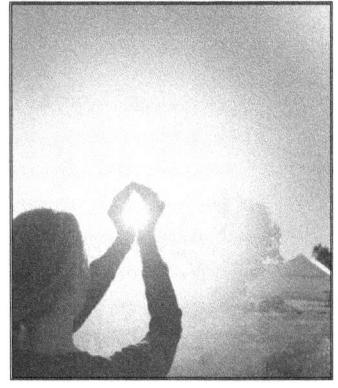

मौलिक शक्तियों को भौतिक वस्तुओं पर आरोपित करने की अवधारणा

(Concept of Application of Basic Powers to Physical Things)

क्षमताएँ आपकी

तुम महत्त्वपूर्ण हो या नहीं, तुम्हारे लिए यह इस बात पर निर्भर कर सकता है कि तुम अपने जीवन में कितने कामयाब हो या कितने नाकामयाब? पर मैं तुम्हारे अन्दर की प्रलयंकारी शक्तियों का ज्ञान होने के कारण उन्हें हृदय से महसूस करता हूँ। इसलिए मेरी नजरों में तुम्हारा महत्त्वपूर्ण होने के लिए सिर्फ इतना ही पर्याप्त है कि तुम हो, जीवित हो, मनुष्य हो और आगे बढ़ने के लिए लगातार प्रयास कर रहे हो। यही कारण है कि सुबह से लेकर शाम तक मैं अपने आस–पास, गलियों में, सड़कों पर, चौराहों पर तुम्हारे रूप में सिर्फ शक्ति देखता हूँ, चलते–फिरते पॉवर हाउस देखता हूँ, डायनामाइट देखता हूँ और इसलिए मैं सिर्फ शक्ति की बात करता हूँ, शक्ति के बारे में सोचता हूँ। पर, क्या तुम अपनी इन शक्तियों से परिचित हो? या परिचित होना चाहोगे?

♦ मौलिक क्षमताओं की अवधारणा
♦ मौलिक क्षमताओं का विकास

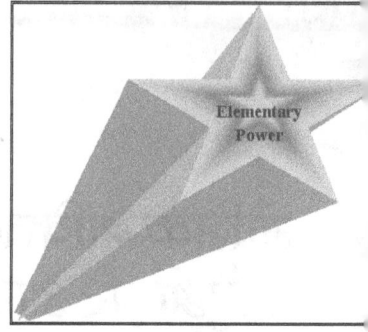

मौलिक क्षमताओं की अवधारणा

प्रश्न है कि यदि सभी के अन्दर क्षमताएँ हैं? तो वे कहाँ है? कैसी हैं? क्या यह तथ्य सही है? इस पर क्यों विश्वास किया जाये? क्या हम इस तथ्य को सरलता से अनुभव कर सकते हैं? अर्थात् क्या अपनी क्षमताओं का आभास पा सकते हैं?

क्या आपने कभी सोचा है कि जब भी किसी बच्चे का जन्म होता है, तो उम्र बढ़ने के साथ-साथ वह लगातार कुछ नया सीखता रहता है। चाहे वो किसी खेल का खेलना सीखना हो, किसी विषय का अच्छा ज्ञान हो, किसी कार्य विशेष में निपुणता हो या जीवन के किसी भी क्षेत्र के बारे में जानना हो।

यह सब सीखना ही तो है अर्थात् बचपन से लेकर आज तक हम सीखते आये हैं। एक लड़का है। वह अपनी 10+2 की शिक्षा पूर्ण करने के बाद डाक्टर बनने का स्वप्न लेकर Medical (मेडिकल) की तैयारी करता है। अपने परिश्रम से वह प्रतियोगिता पर विजय भी हासिल कर लेता है और अन्ततः उसका डाक्टर बनने का स्वप्न पूरा हो जाता है। प्रश्न उठता है –

1. यदि उसने इंजीनियर बनने का स्वप्न देखा होता, तो क्या वह इंजीनियर न बनता?

2. यदि उसने Scientist (वैज्ञानिक) बनने का स्वप्न देखा होता, तो क्या वह Science (विज्ञान) के किसी विषय में Post-Graduate (स्नातकोत्तर) डिग्री हासिल करके आगे का मार्ग नहीं बना सकता था? या कोई अन्य मार्ग नहीं अपना सकता था?

3. क्या वह एक सफल बिजनेसमैन बनने का स्वप्न लेकर M.B.A. (वाणिज्य प्रशासन में स्नातकोत्तर) की प्रतियोगिता में सफलता हासिल नहीं कर सकता था?

4. प्रश्न तो यह भी है कि क्या Scientist (वैज्ञानिक) या बिजनेसमैन बनने के लिए कोई डिग्री या डिप्लोमा वास्तव में आवश्यक है?

5. रवि एक प्रतिभाशाली विद्यार्थी है। उसने MCA (एम.सी.ए.) का कोर्स किया है। इसके लिए उसके पिता ने उसे प्रेरणा दी थी। आज वह एक अच्छी कम्पनी में नौकरी कर रहा है। क्या आप विश्वास कर सकते हैं कि यदि उसने B.Tech (बी.टेक) किया होता, तो आज वह एक सफल इंजीनियर होता।

आप अपने जीवन में क्या करना चाहते हैं या क्या बनना चाहते हैं, यह आपकी अभिलाषा पर निर्भर है। लेकिन यह सच है कि हम जिस कार्य में हाथ डालते हैं, तो परिश्रम करने पर हम उसे सीख जाते हैं। यदि हमें भौतिक विज्ञान (Physics) का अच्छा ज्ञान है और हम अर्थशास्त्र के बारे में अधिक नहीं जानते, तो कुछ दिन अध्ययन करने के बाद हम अर्थशास्त्र के बारे में भी बहुत कुछ सीख सकते हैं। यदि आज ड्राइविंग के नाममात्र से हमारे हाथ-पैर काँपते हैं, तो इच्छा होने पर कुछ दिनों के अभ्यास के बाद हम अपनी गिनती अच्छे ड्राइवर्स में करा सकते हैं।

प्रश्न है कि वह कौन-सी चीज है जिसको इन भौतिक वस्तुओं पर आरोपित करके हम इनके बारे में लगातार सीखते जाते हैं।

और वह चीज है मनुष्य की मौलिक क्षमताएँ। जो हम सभी के अन्दर एक ही मात्रा में उपस्थित हैं। किसी के अन्दर कम या अधिक नहीं।

मैं अक्सर सोचने लगता हूं कि किस प्रकार एक ही व्यक्ति कई सारे कार्य सरलता से कर सकता है। कई विषय सीख सकता है या क्रिकेट भी खेल लेता है तो बैडमिन्टन भी। तुम्हारे जीवन का यह सामान्य तथ्य तुम्हें कुछ कहना चाहता है। क्या तुम्हारे अन्दर विभिन्न विषय, विभिन्न कार्य, क्रिकेट या बैडमिन्टन की योग्यता पहले से ही भरी हुई है? तब मैं स्वयं ही फंस जाता हूं क्योंकि यदि ऐसा है तब स्पष्ट है कि संसार में सभी कुछ पूर्व निर्धारित है। मनुष्य कुछ भी नहीं है। प्रयास, परिश्रम, स्वप्न सभी कुछ अर्थहीन हो जाता है। अन्ततः जवाब मुझे तब मिलता है जब इस साधारण तथ्य को मैं इस दृष्टिकोण से देखता हूं कि कोई चीज है जिसे तुम इन चीजों पर आरोपित करके इन्हें सीखते जाते हो और इस चीज के लिए सबसे उचित शब्द मुझे "मनुष्य की मौलिक क्षमतायें" ही प्रतीत होता है।

1. हम सभी की रुचियाँ भिन्न-भिन्न हैं, हमारा दृष्टिकोण भिन्न-भिन्न है एवं यही कारण है कि हम सभी जीवन में अलग-अलग ऊँचाइयाँ हासिल करते हैं।

2. हम जीवन में कितनी ऊँचाई हासिल कर सकते हैं या कितने असफल हो सकते हैं, यह सिर्फ इस बात पर निर्भर करता है कि हमने अपनी मौलिक शक्तियों को कैसी भौतिक वस्तुओं पर और किस तरह से आरोपित (apply) किया है।

3. मौलिक शक्तियाँ तो वही हैं। हम चाहें तो इनका उपयोग I.A.S. (भरतीय प्रशासनिक अधिकारी) बनने के लिए करें, चाहे इंजीनियर बनने के लिए, चाहें डाक्टर बनने के लिए, चाहे अध्यापक बनने के लिए, चाहें Scientist (वैज्ञानिक) बनने के लिए। एक कामयाब व्यक्ति बनने के लिए या एक नाकामयाब व्यक्ति बनने के लिए।

4. आप चाहे तो झूठ बोलने के विशेषज्ञ बन सकते हैं, समय बर्बाद करने में महारथ हासिल कर सकते हैं, बहुत बड़े बहानेबाज बन सकते हैं या निरर्थक चीजों के पीछे दौड़ने की आदत विकसित कर सकते हैं। दूसरों के बहुत बड़े आलोचक बन सकते हैं या ....

5. एक कामयाब व्यक्ति अपनी क्षमताओं को सही दिशा में सही तरीके से apply (उपयोग) करता है जबकि एक नाकामयाब व्यक्ति के पास सही दिशा या सही तरीके का अभाव होता है।

अब क्या तुम विश्वास कर सकते हो कि पृथ्वी पर उपस्थित प्रत्येक व्यक्ति की मौलिक क्षमतायें तो समान ही हैं, बस तुम्हारे बीच अन्तर उनके प्रयोग करने के तरीके से खड़ा होता है। तुम्हें यह तो कभी कहना ही नहीं चाहिए कि तुम शक्तिहीन हो। दरअसल तुम्हें सिर्फ मनपसन्द परिणाम हासिल करने के रास्तों की तलाश करनी है। अल्बर्ट आइन्सटीन कहते हैं कि मैं सिर्फ ईश्वर के विचार के बारे में जानना चाहता हूं क्योंकि शेष सभी तो उसका विस्तार भर है। ठीक इसी तरह तुम्हें अपनी मौलिक शक्तियों के बारे में जान लेना चाहिए कि वे हैं। शेष सभी तो उसका विस्तार भर है जिसमें कुछ भी आश्चर्य नहीं। बस यही आत्मज्ञान है जो तुम्हारी क्षमताओं के अस्तित्व का प्रत्यक्ष रूप से मार्ग निर्देशन करता है।

हममें से कोई सफल या असफल इसलिए नहीं है कि हमारे अन्दर क्षमताएँ ही नहीं है। सच यह है कि हमने उनका उपयोग या तो सही ढंग से किया है या नहीं किया है। यदि भूतकाल में हम अच्छे परिणाम हासिल नहीं कर पाये हैं, तो भी आज हम ऐसा कर सकते हैं। बस मन में इतना विश्वास जगा लें कि क्षमताएँ तो हमारे अन्दर हैं, शक्तिशाली तो हम हैं। असम्भव तो कुछ भी नहीं है। **कोई भी कार्य आपके लिए उतना ही कठिन या सरल है, जैसा भी आप उसके बारे में सोचते हैं। आपकी विचारधारा के अनुसार ही आपका मस्तिष्क उसे प्राप्त करने के लिए विकल्प उपलब्ध कराता है। इस संसार में सभी कुछ आपके सोचने पर ही निर्भर करता है।**

यदि तुम किसी कार्य के बारे में सोचते हो कि तुम ऐसा नहीं कर सकते तो ध्यान दो, तुम उस कार्य से संबंधित कुछ परेशानियों को प्रमुखता दे रहे हो और यदि तुम सोचते हो कि तुम ऐसा कर सकते हो तो ध्यान दो, तुम्हारे मस्तिष्क में उस कार्य को पूर्ण कर पाने की कोई योजना है जबकि तुम एक ही व्यक्ति हो।

संसार के सभी व्यक्तियों की क्षमताएँ एक समान होने के बावजूद लोगों द्वारा प्राप्त सफलताएँ या असफलताएँ सदैव किसी कारण से घटित होती हैं। कुछ लोग उचित संसाधन होने के बावजूद अपनी नासमझी के चलते कामयाबी अर्जित करने से रह जाते हैं। जबकि कुछ लोगों को बचपन में सही माहौल एवं परिस्थितियाँ नहीं मिल पातीं। बचपन में मिलने वाली माहौल एवं परिस्थितियाँ ही इस संसार में ऐसी स्थितियाँ हैं, जिनका आपको मिलना या न मिलने को आप अपने सौभाग्य

या दुर्भाग्य से जोड़ सकते हैं। पर उन्हें विजित किया जा सकता है। वहीं उचित संसाधन मिलना या न मिलना महत्त्वपूर्ण है, लेकिन सबकुछ नहीं। आप किसी कार्य को करने का संकल्प तो लें। तब यदि आपके पास संसाधन नहीं भी हैं, तब भी आप उन्हें जुटा लेंगे। मनुष्य के संकल्प के सम्मुख तो रास्ते स्वत: ही खुलने लगते हैं।

तो इस संसार में कुछ भी सत्य नहीं है सिवाय इसके कि आप महत्त्वपूर्ण हैं, आपकी क्षमताएँ महत्त्वपूर्ण हैं। हाँ, यहाँ पर लोगों द्वारा प्राप्त ऊँचाई में जो भयंकर विभिन्नता है, उसके कारण कुछ हद तक स्पष्ट हो चुके हैं।

आप चाहें तो किसी गरीब या दुर्बल व्यक्ति पर भी परीक्षण करके इस तथ्य की सत्यता जान सकते हैं कि हमारे अन्दर जो मौलिक शक्तियाँ भरी हुई हैं, वे तो उसके अन्दर भी हैं। बस उसे उनका उपयोग करने का सही अवसर नहीं मिला।

घटना वर्ष 2003 की है। मैं उत्तरप्रदेश राज्य के महान्गर बरेली में कुतुबखाना नामक स्थान पर था। मुझे वहाँ से सैटेलाइट बस अड्डे तक जाने के लिए एक रिक्शा किराये पर लेना था। रिक्शेवाला एक नयी उम्र (20-22 वर्ष) का लड़का था। वह मुझसे 10 रुपये चाहता था, जबकि मैं उसे 8 रुपये देना चाहता था। कुछ देर की बहस के बाद मैंने उसकी बात मान ली। उस समय मैं मनुष्य की मौलिक क्षमताओं (Basic Powers) पर चिन्तन कर रहा था, इसलिए मैंने इसे अवसर की तरह से लिया और बोलना प्रारम्भ किया - ''एक बात बताओ मित्र! तुम्हारी उम्र अभी काम करने की है। यदि मैं तुम्हारे पास से चला जाता, तो दो रुपये के चलते तुम कुछ पैसे कमाने का अवसर खो देते।''

इस प्रकार मैंने बात करने की शुरुआत की और रास्ते में उसे प्रेरित (motivate) करने का प्रयास करता रहा। मैंने उसे इससे भी अच्छी स्थिति में आने की कुछ योजनाएँ समझायीं। उसे विश्वास दिलाया कि वह महत्त्वपूर्ण व्यक्ति है और इस देश को उसकी जरूरत है। मैंने उससे उसका मित्र बनकर बात की। सैटेलाइट बस अड्डे पर उतरते समय मैंने उसका कन्धा थपथपाते हुए उससे कहा - ''भले ही परिस्थितियों के चलते तुम्हें अपना और अपने परिवार का जीवनयापन करने में बहुत मुश्किलें आ रही हैं, लेकिन सोचो और काम करो। तुम अभी मेरी ही उम्र के युवक हो, कुछ भी कर सकते हो।''

उस लड़के ने अपनी मुठ्ठियाँ भींच लीं और मजबूती से बोला - ''बाबू जी! मैं आगे बढ़ूँगा, इस देश को मेरी जरूरत है।''

उस समय उसकी बॉडी लैग्वेंज, उसके चेहरे पर आयी दृढ़ता और खुशी बहुत मूल्यवान थी। मैंने उसे अपना मोबाइल नम्बर दिया और जब चार-पाँच दिनों के बाद मैं दिल्ली वापस आया, तब उसने मेरे पास फोन भी किया और बहुत खुश था। उसका नाम महावीर था।

दरअसल यह बात हमें समझनी चाहिए कि चाहे वह कोई रिक्शाचालक हो या कोई मजदूर, वह भी इनसान होता है। यदि वह हमारी जगह पर होता अर्थात् उसका जन्म हमारी जगह पर होता, तो जो सुविधाएँ हमें प्राप्त हुई हैं, वह उन सुविधाओं का प्रयोग करके आज पढ़ा लिखा इनसान न होता? हम करते भी क्या हैं? एक सक्षम परिवार में जन्म लिया। अपने अभिभावकों का मार्गदर्शन पाया, आर्थिक सहयोग प्राप्त किया और इस प्रकार हम जीवन में एक मंजिल पा सके। क्या इसमें कुछ आश्चर्य है? आपने कोई बहुत बड़ा काम कर दिया है? हममें से बहुत से पढ़े लिखे लोग गरीब या दुर्बल व्यक्ति को उपेक्षा की दृष्टि से देखते हैं। और ऐसा करके हम स्वयं ही अपने शिक्षित होने पर प्रश्नचिह्न लगा बैठते हैं। मैंने ऐसे बहुत-से पढ़े-लिखे highly qualified लोगों को देखा है, जो बिना किसी आवश्यकता के भी निचले वर्ग के लोगों से दुर्व्यवहार करना अपना जन्मसिद्ध अधिकार समझते हैं। समस्या की शुरुआत यहीं से होती है। सामान्यतः हमें विनम्रता बनाये रखनी चाहिए, पर हम इतना भी नहीं कर पाते। कम से कम जितना अच्छा व्यवहार हम दूसरों को सरलता से दे सकते हैं, उतना तो हमें देना ही चाहिए। **दरअसल हम गरीब इनसान को क्या नहीं देते हैं? और जवाब है, उतना सम्मान भी नहीं, जितना हम उसे सरलता से दे सकते हैं।**

1. आप गरीब इनसान को सम्मान दे दीजिए, उसके अन्दर से वही अच्छी बातें सुन पायेंगे (Basic Powers), जिनका हमारे अन्दर होना हमें जीवन में आगे बढ़ा गया। बस हमारे पास कुछ अतिरिक्त सुविधाएँ और उचित मार्गदर्शन भी था।

2. ठीक इसी प्रकार आप एक बेरोजगार को काम दे दीजिए।

3. आप एक भूखे को खाना दे दीजिए, तब निःसन्देह आप उसकी बातों से कुछ अच्छा सुन पायेंगे अर्थात् Basic Powers (मौलिक शक्ति) तो उसके अन्दर भी वही हैं।

4. याद रखिए दर्द होने पर गरीब हो या अमीर, सफल हो या असफल सभी की प्रतिक्रियाएँ लगभग एक-सी रहती हैं। खुशी के अवसर भी इस तथ्य के अपवाद नहीं है। जब सभी संवेदनाएँ समान हैं, **तो विजय और पराजय की संवेदनाएँ अलग कैसे हो सकती हैं?** संवेदना के स्तर पर ही मनुष्य संसार के दूसरे प्राणियों से अलग है और संवेदनाएँ सभी मनुष्यों में अवसर के अनुसार समान होती हैं।

5. किसी व्यक्ति को जिस चीज की सबसे अधिक जरूरत है, यदि उसे वह दे दी जाये, तो निःसन्देह हम यह देख पायेंगे कि संसार में सभी लोगों के अन्दर मौलिक क्षमताएँ (Basic Powers) समान हैं। सभी सोच सकते हैं। सभी के मन में कुछ स्वप्न होते हैं। बस अन्तर उनका सही उपयोग करने से या न करने से खड़ा होता है।

तो मित्रों! क्या अब हम कह सकते हैं कि इस संसार में कोई भी व्यक्ति शक्तिहीन नहीं है। शक्तियाँ हैं, उन्हें पहचानिए और उनका उपयोग अपनी प्रगति के लिए कीजिए। स्वप्न सफलता के नहीं, सार्थक जीवन के स्वप्न देखिए। जहाँ तक मौलिक क्षमताओं (Basic Powers) का प्रश्न है, तो आप किसी से कम नहीं हैं। यदि कोई व्यक्ति आपसे अधिक कामयाब है, तो वह आपसे बड़ा नहीं है, उसकी उपलब्धियाँ आपसे अधिक हैं। उसने आपसे अधिक परिश्रम किया है या उसे समय का साथ आपसे अधिक मिला है। वह आपके सम्मान का पात्र है, पर इसलिए नहीं कि वह सफल है। वह आपके सम्मान का पात्र इसलिए है, क्योंकि उसने आप से बेहतर कार्य किया है और वह इनसान है। ठीक इसी प्रकार आप भी उसके सम्मान के पात्र हैं, क्योंकि आप भी इनसान हैं। आपमें और उसमें अन्तर सिर्फ इतना है कि उसने परिश्रम करके समाज में आपसे बेहतर जीवन स्तर को प्राप्त किया है। पर परिश्रम तो आप भी कर सकते हैं, अपने लक्ष्य को आप भी प्राप्त कर सकते हैं, क्योंकि शक्तियाँ तो आपके पास भी हैं।

हमारे साथ सबसे बड़ी समस्या यह है कि हमने मनुष्य की क्षमताओं के कुछ मापदण्ड बना रखे हैं, जबकि सत्य तो यह है कि मनुष्य की क्षमताओं का कोई मापदण्ड तो हो ही नहीं सकता। प्रश्न उठता है कि तब मनुष्य की क्षमताओं का निर्धारण किस प्रकार सम्भव है? किसी भी कार्य के योग्य या अयोग्य होना व्यक्ति के बहुत अधिक क्षमतावान होने से कहीं अधिक उसके द्वारा उस कार्य को करना, जानना या न जानने वाली बात है अर्थात् सीखना या सिखाना संसार में किसे नहीं आता? यहाँ तक कि जानवरों और पक्षियों को भी हम अपने अनुसार ढाल लेते हैं। दरअसल यह मनुष्य की योग्यता का प्रश्न है, जो उसने अभ्यास के द्वारा अर्जित की है। श्रेष्ठता की बात ही कहाँ है? मनुष्य की क्षमताएँ तो एक शाश्वत सत्य हैं, किसी के अन्दर कम या अधिक तो हो ही नहीं सकतीं। जब हम मनुष्य की क्षमताओं के लिए एक सीमा का निर्धारण करते हैं, तो दरअसल हम उसकी शक्तियों के चारों ओर एक ऐसा सीमाक्षेत्र बना रहे होते हैं जिसके अन्दर ही अन्दर भटकना उसकी नियति बन जाती है। क्या तुम विश्वास कर सकते हो कि इस दृष्टिकोण से तो मनुष्यता का विकास सम्भव नहीं।

इसलिए सन्देह नहीं विश्वास कीजिए कि आप किसी से भी कम नहीं हैं। एक सही लक्ष्य, प्रभावी योजना एवं कठोर परिश्रम संसार में आपको कुछ भी दिला सकता है। बस यही सत्य है। इसे जानिए और इसका उपयोग अपनी प्रगति के लिए कीजिए। सच मानिए, आप ऐसा कर सकते हैं।

मनुष्य की मौलिक क्षमताओं (basic Powers) की पुष्टि के लिए हम कुछ ऐसे साधारण तथ्यों पर गौर कर सकते हैं, जिनके बारे में आप सभी जानते हैं। इन साधारण बातों में कुछ भी आश्चर्य नहीं है, स्वाभाविक है। पर ये तथ्य कुछ गम्भीर संकेत करते हैं।

यह एक अपराधी है।

यह व्यक्ति अरबपति है।

यह एक अपराधी है।

भिखारी

क्या आप इस बात का निर्णय ले सकते हैं कि इनमें से करोड़पति व्यक्ति के डर की तीव्रता अधिक है या भिखारी के डर की। जब डर की, भय की, संशय की संवेदनाएँ सभी मनुष्यों में समान हैं, तब विजय की संवेदना अलग कैसे हो सकती है?

सैनिक

जार्ज बुश

यह व्यक्ति एक भूखे व्यक्ति को
रोटियाँ दे रहा है।

भूखा व्यक्ति

क्या आप जॉर्ज बुश एवं इस भिखारी की सन्तुष्टि में कोई अन्तर बता सकते हैं? सबसे पहले सन्तुष्टि एक बिन्दु पर घटित होती है। इसके बाद जो कुछ भी होता है, वह उस सन्तुष्टि का विस्तार मात्र है। और जो विस्तार है वह बेहद संश्लिष्ट सामाजिक-आर्थिक परिस्थितियों पर आधारित है। ये परिस्थितियाँ मनुष्यजन्य हैं प्राकृतिक नहीं। यहाँ पर तात्पर्य केवल सन्तुष्टि के एहसास से है।

यद्यपि शारीरिक और मानसिक क्षमताओं में अन्तर किया जा सकता है, लेकिन यहाँ पर मौलिक क्षमताओं को सामान्य दृष्टि से देखना है।

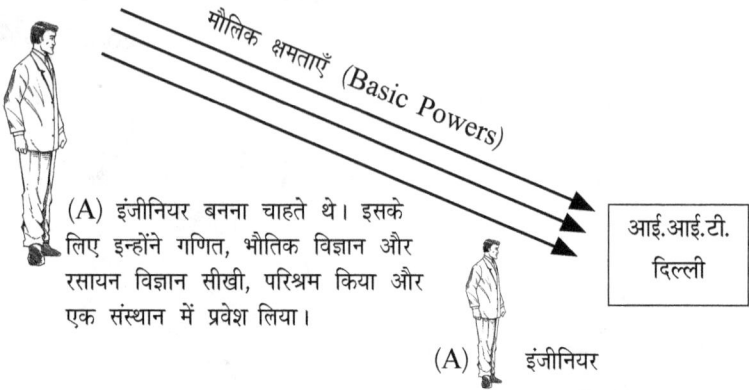

मौलिक क्षमताएँ (Basic Powers)

(A) इंजीनियर बनना चाहते थे। इसके लिए इन्होंने गणित, भौतिक विज्ञान और रसायन विज्ञान सीखी, परिश्रम किया और एक संस्थान में प्रवेश लिया।

(A) इंजीनियर

आई.आई.टी. दिल्ली

अब (A) I.A.S. की तैयारी करना चाहते हैं, जिसके लिए इन्हें दो ऐच्छिक विषयों गणित भौतिक विज्ञान सहित सामान्य अध्ययन भी करना है।

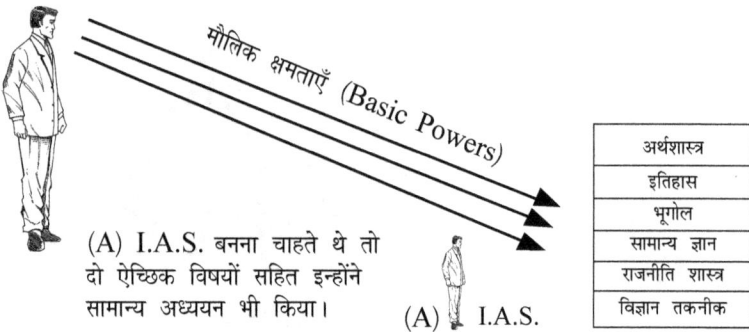

मौलिक क्षमताएँ (Basic Powers)

(A) I.A.S. बनना चाहते थे तो दो ऐच्छिक विषयों सहित इन्होंने सामान्य अध्ययन भी किया।

(A) I.A.S.

| अर्थशास्त्र |
| इतिहास |
| भूगोल |
| सामान्य ज्ञान |
| राजनीति शास्त्र |
| विज्ञान तकनीक |

मान लीजिए (A) को ड्राइविंग नहीं आती, पर वह अच्छा ड्राइवर बनना चाहता है।

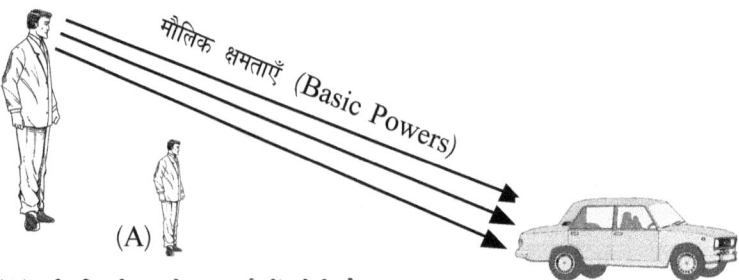

मौलिक क्षमताएँ (Basic Powers)

(A)

अब (A) की गिनती अच्छे ड्राइवर्स में होती है।

(A) अपनी मौलिक क्षमताओं को विभिन्न सांसारिक वस्तुओं पर आरोपित (apply) कर रहा है। इस प्रकार वह जीवन में आगे बढ़ रहा है।

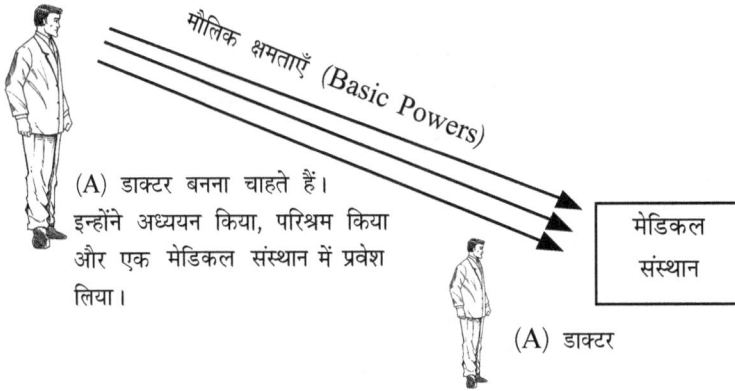

मौलिक क्षमताएँ (Basic Powers)
(A) डाक्टर बनना चाहते हैं। इन्होंने अध्ययन किया, परिश्रम किया और एक मेडिकल संस्थान में प्रवेश लिया।
मेडिकल संस्थान
(A) डाक्टर

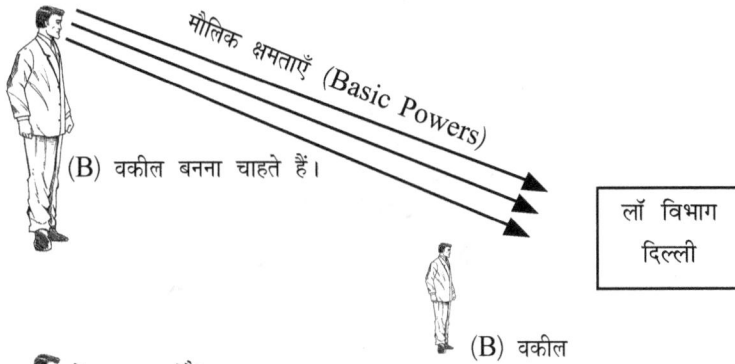

मौलिक क्षमताएँ (Basic Powers)
(B) वकील बनना चाहते हैं।
लॉ विभाग दिल्ली
(B) वकील

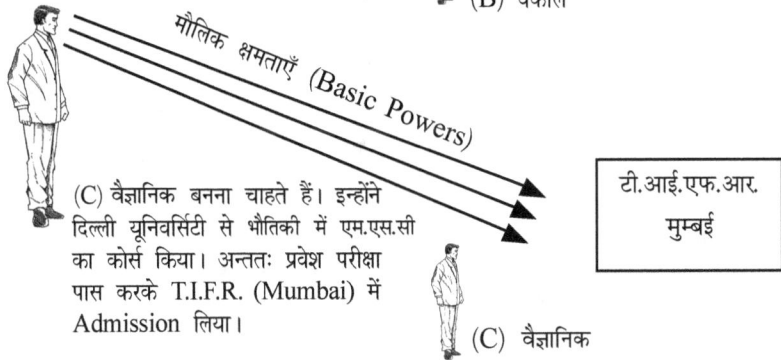

मौलिक क्षमताएँ (Basic Powers)
(C) वैज्ञानिक बनना चाहते हैं। इन्होंने दिल्ली यूनिवर्सिटी से भौतिकी में एम.एस.सी का कोर्स किया। अन्ततः प्रवेश परीक्षा पास करके T.I.F.R. (Mumbai) में Admission लिया।
टी.आई.एफ.आर. मुम्बई
(C) वैज्ञानिक

कुछ लोग विभिन्न क्षेत्रों में अपनी मौलिक क्षमताओं को आरोपित कर रहे हैं। इस प्रकार वे आगे बढ़ रहे हैं।

मौलिक क्षमताएँ (Basic Powers)

अर्थशास्त्र
इतिहास

(D) I.A.S. बनना चाहते हैं।
लेकिन इनका पूरा ध्यान अपने अध्ययन
पर नहीं है। दूसरी निरर्थक वस्तुएँ भी
इन्हें आकर्षित करती हैं।

(D)

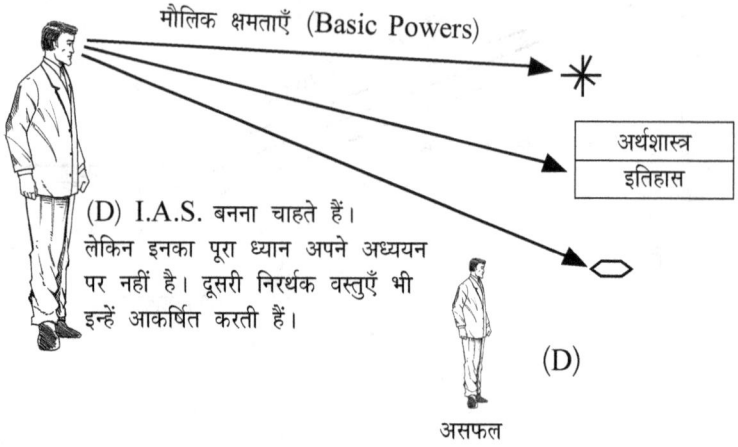

असफल
इनके पास सही दिशा का अभाव है

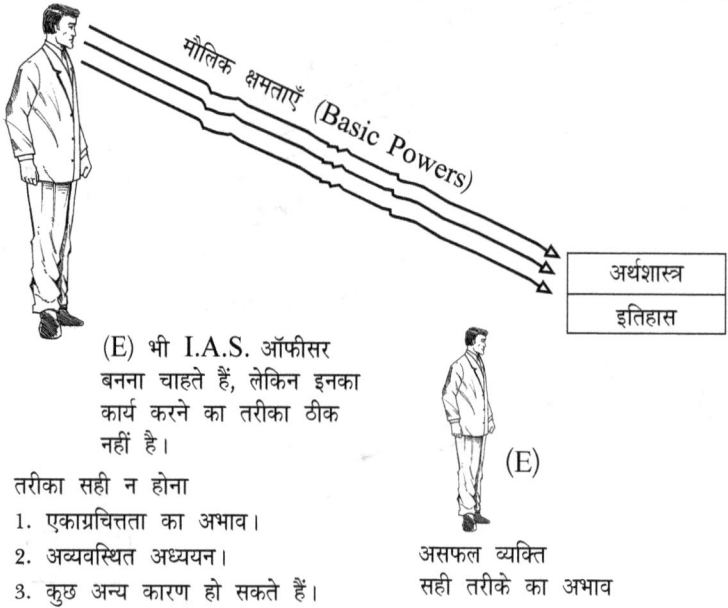

मौलिक क्षमताएँ (Basic Powers)

अर्थशास्त्र
इतिहास

(E) भी I.A.S. ऑफीसर
बनना चाहते हैं, लेकिन इनका
कार्य करने का तरीका ठीक
नहीं है।

तरीका सही न होना
1. एकाग्रचित्तता का अभाव।
2. अव्यवस्थित अध्ययन।
3. कुछ अन्य कारण हो सकते हैं।

(E)

असफल व्यक्ति
सही तरीके का अभाव

❋—❋

सभी लोग अपनी मौलिक क्षमताओं (Basic Powers) का उपयोग करते हैं। पर एक
नाकामयाब व्यक्ति के पास सही दिशा या सही तरीके का अभाव होता है।

मौलिक क्षमताओं का विकास

तो मित्रों! हममें से कोई भी शक्तिहीन नहीं है। हम सभी के अन्दर मौलिक शक्तियाँ एक समान हैं। बस हमें अपनी शक्तियों को भौतिक वस्तुओं पर एक सही दिशा में सही तरह से आरोपित करना है। यह ठीक उसी प्रकार है, जिस प्रकार हम किसी विषय का मूल ज्ञान (Basic knowledge) सीखते हैं और इसके बाद इस मूल ज्ञान की सहायता से उस विषय से सम्बन्धित प्रश्नों को हल करते हैं। विषय का मूल ज्ञान (Basic knowledge) आपकी मौलिक क्षमताएँ (Basic Powers) हैं, विषय से सम्बन्धित प्रश्न इस संसार के विभिन्न लक्ष्य एवं मुसीबतें हैं। अन्ततः उन्हें हल कर लेना आपके द्वारा अर्जित कामयाबी है। लेकिन अभी भी एक महत्त्वपूर्ण प्रश्न है कि हम अपनी मौलिक क्षमताओं को संसार के विभिन्न लक्ष्यों पर कैसे आरोपित करते हैं अर्थात् उनका विकास किस प्रकार करते हैं।

एक छोटा बच्चा था। वह जल से बहुत भयभीत होता था क्योंकि उसे तैरना नहीं आता था। उसके विद्यालय के पास में एक बीस मीटर लम्बाई का पोखर था। एक रोज बात-बात में उसने अपने एक मित्र से शर्त लगायी कि वह एक माह के अन्दर इस पोखर को तैरकर पार करेगा। बच्चा अपने शब्दों को सच साबित करने के लिए तैराकी सीखने लगा। प्रारम्भ में उसे जल से भय हुआ था, पर अन्ततः वह जल में कूद पड़ा। सर्वप्रथम उसने कम गहराई में तैरना सीखा। पहले वह 5 मीटर तैरा, फिर दस, पन्द्रह, बीस...। अन्ततः वह तीस मीटर तैरने में भी कामयाब हुआ। माह के अन्तिम दिन वह अपने मित्र के सामने उस तालाब में कूद पड़ा एवं तालाब का एक पूरा चक्कर लगाते हुए चालीस मीटर तैरकर दिखाया।

आपमें से कोई भी इस घटना को दोहरा सकता है। आप विचार कीजिए, एक ऐसा बच्चा जिसे जल से भय लगता था, वह अन्ततः जल में कूद पड़ा। धीरे-धीरे वह अपनी क्षमताएँ बढ़ाता गया। सर्वप्रथम तो उसके सामने **एक लक्ष्य** था, खुद को साबित करने का एक जुनून था। इस जुनून ने ही उसके लिए प्रेरणा का कार्य किया। इसके बाद वह अपने लक्ष्य के अनुसार अपनी क्षमताएँ बढ़ाता चला गया। ठीक यही सिद्धान्त आपकी क्षमताओं के लिए क्रियान्वित होता है। क्षमताएँ एवं शक्तियाँ तो आप सभी के पास हैं, बस आपको उनका विकास करना है। अपनी आवश्यकताओं के अनुसार, अपने लक्ष्य के अनुसार आप खुद को उतना ही क्षमतावान बना सकते हैं। आप प्रयोग करके देखिए। जब रात्रि को आप नींद अनुभव करने लगें, तो किसी प्रकार 20-25 मिनट स्वयं पर नियन्त्रण कीजिए और तब आप देखेंगे कि आपकी नींद भाग चुकी है। अब आप अधिक समय तक जागृत अवस्था में रह सकते हैं। यदि आप प्रतिदिन रात्रि 10 बजे सो जाते हैं, तो कुछ दिनों बाद आप अपने प्रयासों के फलस्वरूप रात्रि बारह बजे तक भी जाग सकते हैं।

क्या आपने कभी किसी व्यक्ति को व्यायाम करते देखा है? या आपने स्वयं कभी

व्यायाम किया है? आप सभी जानते हैं कि समय बीतने के साथ आप पहले से अधिक देर तक व्यायाम कर सकते हैं। यह किस प्रकार सम्भव हुआ? पहले दिन तो आप 10 मिनट में थक गये थे जबकि कुछ दिनों बाद आप एक घण्टे में भी नहीं थकते। दरअसल आप पहले से ही उपलब्ध अपनी क्षमताओं का विकास कर रहे होते हैं। यदि किसी एक व्यक्ति की माँसपेशियाँ व्यायाम करने से मजबूत होती हैं, तो सभी व्यक्तियों के साथ ऐसा ही घटित होना निश्चित है बशर्ते कोई अन्दरूनी कमजोरी न हो।

इस सिद्धान्त का उपयोग आप अपनी प्रगति, अपनी सफलता के लिए भी कर सकते हैं। किसी भी मनुष्य के पास क्षमताओं की कमी नहीं होती, हाँ यह उस मनुष्य पर ही निर्भर करता है कि वह उनका विकास किस प्रकार करता है। आप जानते हैं कि आज मनुष्य कहाँ से कहाँ तक पहुँच चुका है। ऐसे कितने कार्य लोगों द्वारा किये जा चुके हैं, जिन्हें कुछ समय पहले तक असम्भव समझा जाता था। पर अब ऐसा नहीं है और आगे भी यह सिलसिला कहाँ तक जायेगा, क्या कोई जान सकता है? हमने अपनी मौलिक शक्तियों का जीवन के प्रत्येक क्षेत्र में विकास किया है। हम चाँद पर पहुँचे, हमने एवरेस्ट को विजित किया, टी.वी. बनाया, टेलीफोन बनाया और आवश्यकतायें बढ़ीं तो मोबाईल बनाया। हमने कम्प्यूटर बनाया, इण्टरनेट की अवधारणा को खोजा और न जाने क्या-क्या?

प्रश्न है कि यदि मनुष्य के पास क्षमताएँ न थीं, शक्तियाँ न थीं, तो यह किस प्रकार सम्भव हुआ?

क्यों दिन पर दिन आश्चर्यचकित करने वाले लक्ष्य इनसान प्राप्त करता जा रहा है? स्टीफेंस ने रेलगाड़ी बनायी। आवश्यकताएँ बढ़ीं, तो राइट ब्रदर्स ने हवाई जहाज़ बना दिया। प्रश्न उठता है कि क्या आपके पास भी ऐसी क्षमताएँ हैं? और जवाब है कि क्यों नहीं हैं? ये सभी लोग पहले हमारी आपकी तरह साधारण व्यक्ति ही थे। हममें से निकलकर ही ये वहाँ तक पहुँचे हैं। इन लोगों ने एक यादगार कार्य करके स्वयं को इतिहास में अमर कर लिया। आपको तो बस एक कामयाब जीवन बिताने की इच्छा है। पर यदि आप कोई यादगार कार्य करने की अभिलाषा रखते हैं, तो भी मार्ग सदैव खुले थे, खुले हैं और खुले ही रहेंगे। एक लक्ष्य तो बनाइए जो आपको प्रेरणा दे सके। परिश्रम करते रहिए। तब आप देखेंगे कि आपकी शक्तियाँ स्वयं ही विकास की ओर उन्मुख होती जा रही हैं तो निःसन्देह आप कामयाबी पाकर रहेंगे।

अंकुर बहुत ही कामचोर लड़का था। वह जीवन में कई बार असफल हुआ और अन्ततः निराश हो गया। दिन भर वह कोई कार्य न करता और अपना समय व्यर्थ जाने देता। पर इसके बावजूद वह बहुत कम सोता था। 24 घण्टों में पाँच घण्टे। कारण कोई भी हो पर उस पर दिनभर सुस्ती चढ़ी रहती।

एक दिन उसने सोचा कि मैं कोई कार्य तो करता नहीं हूँ, तो क्यों न 10-12 घण्टे सोया जाये, जिससे कि नींद भी पूरी हो जाये और दिन में सुस्ती भी न आये। अब वह प्रतिदिन जल्दी सोता एवं सुबह देर से उठता। पर अब तो वह आश्चर्यचकित हो उठा। अब उसे पहले से भी अधिक सुस्ती आती। यहाँ तक कि वह परेशान हो उठा।

एक दिन वह अपनी इस स्थिति पर विचार करने बैठ गया। वह घण्टों

सोचता रहा। अचानक उसे अपनी असफलताओं के कारण समझ आने लगे। उस रात वह एक संकल्प लेकर सो गया, सुबह जल्दी उठा और उस दिन के बाद सभी ने उसे कोई अर्थपूर्ण कार्य करते देखा। कुछ वर्षों में ही अंकुर सफल व्यक्तियों की श्रेणी में गिना जाने लगा।

क्या आप बता सकते हैं कि अंकुर ने क्या विचार किया था?

दरअसल उसने सोचा कि मेरी सुस्ती और उदासीनता का कारण कम सोना नहीं, कोई कार्य न करते हुए व्यर्थ समय गँवाना एवं मेरा निराश मन है। अन्यथा क्या कारण है कि 10-12 घण्टे नींद लेने पर भी मैं स्वयं को सहज अनुभव नहीं कर पाता। इसका यही अर्थ है कि मैं अपनी इच्छानुसार कैसी भी आदतें स्वयं में विकसित कर सकता हूँ और दुर्भाग्य से मैंने उन आदतों का विकास कर रखा है, जो मेरा विनाश किये डालती हैं। यही विचार करके अंकुर ने संकल्प किया कि अब वह कार्य करेगा और अपनी प्रगति में सहायक अच्छी आदतों का विकास करेगा या दूसरे शब्दों में उसने अपनी सोई हुई शक्तियों को जागृत करने का विचार किया था।

स्वामी विवेकानन्द कहते हैं - "क्या तुम जानते हो, तुम्हारे भीतर अभी भी कितना तेज, कितनी शक्तियाँ छिपी हुई हैं? क्या कोई वैज्ञानिक भी इन्हें जान सका है? मनुष्य का जन्म हुए लाखों वर्ष हो गये, पर अभी तक उसकी असीम शक्ति का केवल एक क्षुद्र भाग ही अभिव्यक्त हुआ है, इसलिए तुम्हें यह नहीं कहना चाहिए कि तुम शक्तिहीन हो। तुम क्या जानो कि ऊपर दिखायी देने वाले पतन की ओट में शक्ति की कितनी सम्भावनाएँ हैं? जो शक्ति तुममें है, उसके बहुत ही कम भाग को तुम जानते हो। तुम्हारे पीछे अनन्त सागर है, शक्ति और शान्ति का अनन्त भण्डार है।"

आपको सोचना चाहिए कि जब संसार में दूसरे कई व्यक्तियों ने कामयाबी के शिखर को स्पर्श किया है, तो आप क्यों नहीं कर सकते? दरअसल यह कोरा भ्रम है, जबकि हम किसी भी कार्य की शुरुआत करने से पहले ही खुद के द्वारा उसके होने या न होने का निर्णय ले लेते हैं। महत्त्वपूर्ण सिर्फ यह है कि हम शान्तिपूर्वक काम की शुरुआत करें। बहुत ही सावधानी से अपनी कार्ययोजना को अन्तिम रूप दें और पूरी दृढ़ता से इच्छित परिणाम न आने तक उस पर जुटे रहें। यही तो है कामयाबी का मूलमन्त्र। यही तो है वह प्रक्रिया, जो आपकी आँखों से सन्देह का वह पर्दा हटा देती है, जिसके अनुसार आप अपनी क्षमताओं को सीमित मान रहे थे। बस आप काम की शुरुआत कीजिए और अपनी क्षमताओं को बढ़ता हुआ देखिए।

मनुष्य की क्षमताओं का अन्त कहां है? क्या तुम कभी जान सकते हो? जिस प्रकार तुम एक स्थान पर खड़े होकर दूर कहीं पृथ्वी और आकाश का मिलन देखते हो, पर वो सत्य कहां है? महज एक भ्रम है? भ्रम का सदैव कोई आधार होता है और वो आधार तुम्हारा दृष्टिभ्रम है जिसे तुम भौतिक विज्ञान की मदद से पूरी तरह पारिभाषित कर सकते हो। ठीक इसी प्रकार तुम विचार करते हो कि तुम बस इतना ही कार्य कर सकते हो, यह तुम्हारा भ्रम है। जैसे ही तुम दृष्टिभ्रम से दृश्य स्थान की ओर बढ़ते हो और तब तुम्हें सत्यता का ज्ञान होता है कि तुम साधारण नहीं हो।

बस यही सिद्धान्त आपकी शक्तियों के लिए कार्य करता है। **प्रत्येक व्यक्ति ऐसी क्षमताओं से लैस है, जिनका अन्त न तो अभी तक ढूँढ़ा जा सका है और न ही कभी ढूँढ़ा जा सकेगा।** हमें और आपको अपनी अथाह शक्तियों के सागर से उन्हें बाहर निकालना है बस, फिर कोई भी लक्ष्य आपके लिए अप्राप्य नहीं होगा। आप संसार की समस्त खुशियाँ अपने कदमों में ला सकते हैं। इतिहास में आपको ऐसे एक नहीं, हजारों-लाखों उदाहरण मिल जायेंगे जबकि साधारण से दिखने वाले व्यक्ति भी सफलता के अत्यन्त ऊँचे सोपान पर जा खड़े हुए। असाधारण कामयाबी अर्जित करने वाला प्रत्येक व्यक्ति कभी एक साधारण इनसान ही रहा होता है। असाधारण तो वह अपने काम की वजह से कहलाने लगता है। वह कामयाबी की ऐसी अट्टालिकाओं को स्पर्श कर लेता है, जिनकी कल्पना तो अधिकांश लोग करते भी नहीं हैं। इसलिए याद रखिए, आपको अपनी सुप्त क्षमताओं को जागृत करना है, उनका विकास करना है। पहले आप यह स्वीकार कर लीजिए कि आप शक्तिशाली हैं। तब आप सफलता के लिए इतने बेचैन हो जायेंगे कि फिर आप चाहें भी, तब भी आपका रुकना किसी प्रकार सम्भव नहीं है। ईश्वर ने आपको जो शक्तियाँ प्रदान की हैं, उन्हें व्यर्थ मत जाने दीजिए। उनका सदुपयोग अपनी प्रगति के लिए कीजिए, तब सफलता निःसन्देह आपकी दासी बनकर रह जायेगी।

एक चिड़िया थी। उसके दो बच्चे थे। दोनों आलसी एवं कामचोर थे। चिड़िया सारे दिन परिश्रम करती और स्वयं अपना एवं अपने बच्चों के भोजन का प्रबन्ध करती। धीरे-धीरे बच्चे बड़े होते गये, पर अब भी वे चुपचाप घोंसले में पड़े रहते। उनके भोजन का प्रबन्ध बेचारी चिड़िया को करना पड़ता। वह उनके आलसी स्वभाव से परेशान रहने लगी। एक दिन उसने दोनों को कामचोर और निखट्टू कहकर बहुत डाँटा। चिड़िया के शब्दों को उसके बच्चों ने गम्भीरता से लिया। उन्हें चिड़िया के शब्द उनके स्वाभिमान पर एक चोट के समान लगे। अब जब भी चिड़िया बाहर जाती, तो वे उड़ने का अभ्यास करते, पर आलस्य ने उन्हें शारीरिक रूप से इतना पंगु बना दिया कि उनसे तो उड़ा भी न जाता था। एक-दो बार चोट भी लगी। पर अन्ततः उन्होंने सफलता प्राप्त की। अब दोनों चिड़िया के साथ ही भोजन के प्रबन्ध के लिए जाने लगे। तीनों का जीवन प्रसन्नता से भर गया।

यह छोटी-सी कथा केवल चिड़िया और उसके बच्चों की कथा नहीं है। यह हम सभी की कहानी है। जो हमें बताती है कि यदि हमारी आँखों में कोई स्वप्न है, खुद को साबित करने का जुनून है या हमने अपने लिए कोई लक्ष्य निर्धारित कर लिया है, तो वही हमारे लिए आगे बढ़ने की प्रेरणा का कार्य करेगा। परिश्रम करने की स्थिति में हम अपनी क्षमताओं को निःसन्देह इतना विकसित कर सकेंगे कि हम अपना लक्ष्य प्राप्त कर पायें। हम एक-दो बार गिर भी जायें, तो भी चिन्ता की कोई आवश्यकता नहीं। महत्त्व हमारे ईमानदारी से किये गये प्रयासों का है। असफलताओं का नहीं। लगातार प्रयास से कुछ भी असम्भव नहीं।

क्या अब भी आप स्वयं को शक्तिहीन मानते हैं? यदि ऐसा है तो यह भ्रम है। कोरा भ्रम है। आँखों से यह पर्दा हटाइए और ध्यान से देखिए अपने अन्तःकरण की ओर। क्या आप असफलता से प्रेम करते हैं? नहीं। तो फिर आप बहुत क्षमतावान हैं। हाँ यह हो सकता है कि आपकी क्षमताएँ सुप्त अवस्था में निष्क्रिय पड़ी हों। उन्हें जगाइए, उनका विकास कीजिए।

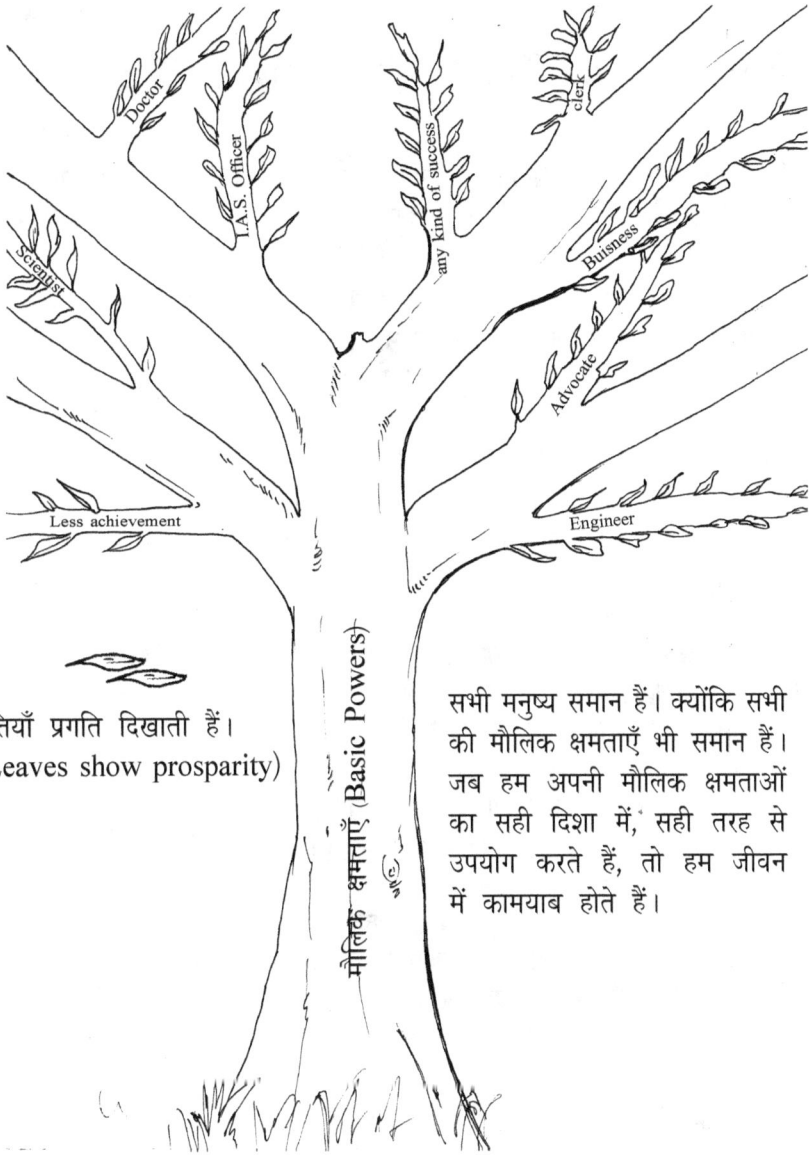

Doctor

I.A.S. Officer

clerk

any kind of success

Scientist

Buisness

Advocate

Less achievement

Engineer

पत्तियाँ प्रगति दिखाती हैं।
(Leaves show prosparity)

मौलिक क्षमताएँ (Basic Powers)

सभी मनुष्य समान हैं। क्योंकि सभी की मौलिक क्षमताएँ भी समान हैं। जब हम अपनी मौलिक क्षमताओं का सही दिशा में, सही तरह से उपयोग करते हैं, तो हम जीवन में कामयाब होते हैं।

मौलिक क्षमताओं का वृक्ष (Tree of Basic Powers)

कैसे होते हैं असाधारण कार्य?

सभी मनुष्यों की मौलिक क्षमताएँ समान हैं। बहुत से लोग उनका विकास सही दिशा में, सही तरह से करते भी हैं। फिर भी इस संसार में किसी भी युग में बड़े कार्यों को करने वाले महान् लोगों की संख्या आम लोगों से बहुत कम रही है, क्यों?

क्या यह तथ्य महज एक छल है कि हमारे अन्दर भी समस्त सम्भावनाएँ छिपी हुई हैं? क्या ये उत्साहजनक बातें सिर्फ पुस्तकों में लिखने के लिए ही होती हैं? मैं पूरे विश्वास के साथ कह सकता हूँ कि हममें से बहुत-से लोग इस बात से सहमत होंगे कि ये बातें तो सिर्फ पुस्तकों में लिखने के लिए ही होती हैं। हर व्यक्ति आइंसटीन नहीं हो सकता।

बात बिल्कुल सच है कि प्रत्येक व्यक्ति आइंसटीन नहीं हो सकता। पर कारण यह नहीं है कि उसके अन्दर आइंसटीन बनने की क्षमता नहीं है। सच यह है कि प्रत्येक व्यक्ति किसी ऐसे कार्य के लिए जिसे तत्कालीन समाज से कोई समर्थन प्राप्त नहीं है, पूरा समर्पण नहीं दे पाता जितना कि आइंसटीन ने दिया था। प्रत्येक व्यक्ति में अपने काम को लेकर इतना जुनून नहीं होता, वह आइंसटीन के बराबर मुसीबतें झेलने को तैयार नहीं होता और इसलिए वह आइंसटीन नहीं हो सकता। समाज की उपेक्षा सहन करते हुए अपने लक्ष्य पर अडिग हम सभी कहाँ रह पाते हैं? हम अधिक मुसीबतों को झेलने के लिए तैयार कहाँ हो पाते हैं? इसलिए हम स्वीकार कर लेते हैं कि बड़े कार्यों को हर कोई नहीं कर सकता। फिलहाल यहाँ पर हम केवल इस बात की चर्चा करेंगे कि बड़े से बड़ा कार्य भी अत्यन्त साधारण प्रयासों का परिणाम भर होता है। हाँ उनके करने वालों के अन्दर कुछ अतिरिक्त विशेषताएँ होती हैं। पर उन अतिरिक्त विशेषताओं का मनुष्य की मौलिक शक्तियों से कोई सम्बन्ध नहीं है। **वे (अतिरिक्त विशेषताएँ) तो जुनून से पैदा होती हैं। जहाँ तक मौलिक क्षमताओं का प्रश्न है, तो वे आप में और आइंसटीन में बराबर ही हैं।** अर्थात् हम आइंसटीन बनें या न बनें लेकिन अपने जीवन को कामयाब बनाने के लिए आवश्यक शक्तियाँ हमारे अन्दर हैं। पर यदि हम उन **अतिरिक्त विशेषताओं** को भी अपने व्यक्तित्व में समाहित कर लेते हैं, तो हम कितना भी बड़ा कार्य कर सकते हैं।

क्या आपने ऐसा कभी सुना है कि किसी व्यक्ति के कार्य का परिणाम आने से पहले इस संसार ने उस व्यक्ति की प्रशंसा की हो? ऐसा कभी नहीं होता, हम सभी जानते हैं। दरअसल हम किसी भी व्यक्ति को उसके कार्य के अनुसार महान् या सफल तब कहते हैं, जबकि हम उसके कार्य की सफलता के बारे में जान चुके होते हैं। आज हम आइंसटीन या दूसरे किसी व्यक्ति को उसके महान् कार्यों के कारण जानते हैं या प्रशंसा करते हैं।

यदि इन लोगों ने अपने कार्यों को करने का पूरा प्रयास किया होता, जी-तोड़ परिश्रम किया होता और फिर भी अन्तिम परिणाम हासिल न कर पाये होते, तो क्या आज हम उन्हें जानते होते, क्या हम उनकी गिनती महान् व्यक्तियों में करते?

क्या तुम विश्वास कर सकते हो कि जब कभी तुम किसी महान परिकल्पना पर परिश्रम करना प्रारम्भ करते हो तो उस समय अधिकांशतया तुम्हें संसार की आलोचना या उसके विरोध का सामना करना पड़ता है। यहां तक कि उस समय तुम्हारे प्रयासों को महत्व देने वाला कोई व्यक्ति भी तुम्हें मिले, यह मुश्किल है। यह संसार तो तुम्हें रास्ता उस रोज देता है जबकि तुम अपने प्रयासों के परिणाम हासिल कर चुके होते हो। इससे पहले तो रास्ते तुम्हें स्वयं ही तलाश करने पड़ते हैं अर्थात् बड़े कार्यों तक के परिणाम आने के पूर्व तक के प्रयास सिर्फ तुम्हारे लिए महत्वपूर्ण हो सकते हैं, दुनिया उन्हें महत्व नहीं देती। उनके (संसार) लिए तो वे साधारण ही हैं और तुम्हारे सन्दर्भ में भी तुम्हारा जुनून उन पूर्व प्रयासों को साधारण बना देता है अर्थात् इस संसार में सभी कुछ साधारण है। बस उन प्रयासों का अच्छा परिणाम ही उस कार्य को करने वाले व्यक्ति को असाधारण व्यक्तित्व में बदल देता है।

क्या आप किसी ऐसे व्यक्ति को जानते हैं, जिसने असफलताओं का सामना किये बिना ही कोई बहुत बड़ी सफलता प्राप्त कर ली हो? यदि आपसे पूछा जाये कि बिल गेट्स कौन है? सभी का जवाब होगा कि बिल गेट्स संसार के सबसे धनी व्यक्तियों में से एक हैं। माइक्रोसाफ्ट नाम की उनकी कम्पनी का कम्प्यूटर सॉफ्टवेयर के क्षेत्र में कोई जवाब नहीं। वह अपने जीवन में एक अत्यन्त कामयाब व्यक्ति हैं। आज से कुछ दशकों पूर्व बिलगेट्स को कौन जानता था? उनके विश्वपटल पर उभरने के बाद ही हमने उन्हें जाना। बेशक आप सभी लोग उन्हें एक कामयाब व्यक्तित्व के रूप में जानते हैं और आप में से कई लोग उनकी तरह कामयाब व्यक्तित्व बनने का स्वप्न भी देखते होंगे। और फिर उन्हीं की तरह क्यों? संसार में जितने भी सफल लोग हैं, वे सभी हमारे प्रेरणास्त्रोत बनते हैं।

तो बिलगेट्स संसार के सबसे धनी व्यक्तियों में से एक हैं। वह अपने जीवन में एक कामयाब व्यक्ति हैं। यह उनकी अपनी कहानी है, जिसे हम सभी जानते हैं और उनकी प्रशंसा करते हैं। ठीक इसी प्रकार विश्व क्रिकेट के महानतम बल्लेबाज सचिन तेन्दुलकर, हॉकी के आश्चर्यजनक व्यक्तित्व मेजर ध्यानचन्द्र या धनराज पिल्ले, विज्ञान के क्षेत्र में ढेरों महान् वैज्ञानिक, महान् साहित्यकार आदि सभी की एक कहानी है, जिसे हम जानते हैं और जिसके कारण ही उनकी प्रशंसा करते हैं। **पर इन सभी की एक कहानी और भी है। एक ऐसी कहानी जो उनकी आज की स्थिति का आधार बनी थी। एक ऐसी कहानी जो उनकी सफलता की कहानी है। उनके बारे में जितना हम आज जानते हैं, वह उनकी सफलता है, उस कहानी की सुखद परिणति है, पर वह उनकी सफलता की कहानी नहीं है।**

और जो उनकी सफलता की कहानी है, उसका घटनाक्रम वही है, जबकि कुछ

वर्ष पूर्व हम बिलगेट्स को नहीं जानते थे या सचिन तेन्दुलकर को प्रसिद्ध होने के पूर्व नहीं जानते थे।

सफल लोगों के लिए हम अपने शब्दों की शुरुआत इस प्रकार करते हैं जैसे सचिन तेन्दुलकर के लिए हम कहते हैं कि वह कितने महान् बल्लेबाज हैं। उन्होंने कितनी ख्याति और कितना धन अर्जित किया है। इसी प्रकार अकसर हम कामयाब लोगों की चर्चा करते हुए उनकी तरह बनने की इच्छा रखते हैं। यह ठीक उसी प्रकार है जैसे कि हिन्दी साहित्य के महान् साहित्यकार श्री रामधारी सिंह 'दिनकर' ने अपने एक निबन्ध ''नींव की ईंट'' में लिखा था - ''दुनिया कंगूरा देखती है, पर अन्दर का सच किसने देखा है? कंगूरा बनने के लिए चारों तरफ होड़ मची है, नींव की ईंट पर किसी का ध्यान नहीं है। हर कोई कंगूरा अर्थात् इमारत की सबसे ऊँची ईंट बनना चाहता है, पर इस पर कोई विचार नहीं करता कि वह ईंट जो इसी इमारत को बनाने के लिए जमीन में सात हाथ धँसकर नींव की ईंट बनी थी, वह कहाँ है?''

हाँ हम लोग उनकी कामयाबी अर्थात् सफल लोगों की सफलता को देखकर उनकी तरह बनना चाहते हैं, उनसे प्रेरणा लेते हैं लेकिन इन लोगों की सफलता की कहानी अर्थात् इनकी आज की सफलता की नींव को जानने का प्रयास कितने लोग करते हैं?

क्या आप विश्वास कर सकते हैं कि उनकी सफलता की कहानी में कितना त्याग, कितना परिश्रम और कितनी असफलताएँ छिपी हुई हैं। यही त्याग, परिश्रम और यही असफलताएँ तो उनकी आज की सफलता का कभी आधार बनी थीं। हम प्रेरणा कंगूरा बनने की लेते हैं, नींव की ईंट बनने की नहीं।

सफलता की कहानी

मित्रों! बड़े परिणाम हासिल करने से पहले किये गये सभी प्रयास उतने ही साधारण होते हैं, जैसे प्रयास हम और आप सभी सरलता से कर सकते हैं और अपने प्रतिदिन के जीवन में करते भी रहते हैं -

◆ इन लोगों के पास एक निश्चित लक्ष्य अर्थात् एक निश्चित दिशा होती है।

◆ यह निश्चित लक्ष्य या निश्चित दिशा इनकी वह परिकल्पना होती है, जिस पर ये काम करना चाहते हैं।

◆ अपने लक्ष्य या अपनी परिकल्पना को मस्तिष्क में रखते हुए ये प्रतिदिन छोटे-छोटे प्रयास करते हैं।

◆ परेशानियाँ आने पर इनके प्रयास यथावत् रहते हैं। क्यों? क्योंकि ये अपनी मौलिक क्षमताओं का विकास कर रहे होते हैं। अपनी मौलिक क्षमताओं को ये अपनी परिकल्पना पर आरोपित करते हैं। फलस्वरूप इनमें सफलता प्राप्त करने का विश्वास, बार-बार प्रयास करने का साहस, अपने लक्ष्य की प्राप्ति के लिए सकारात्मक दृष्टिकोण और मुसीबतें आने पर कार्य जारी रखने के लिए दृढ़ इच्छाशक्ति का जन्म होता है। **अर्थात् ये अपनी मौलिक क्षमताओं**

को अपने आत्मविश्वास, अपने साहस, अपनी दृढ़ इच्छाशक्ति, अपने सकारात्मक दृष्टिकोण आदि में बदल देते हैं।

- मनुष्य के यही मानवीय गुण (Self-confidence, courage, positive attitude & firm determination etc.) उसकी मौलिक क्षमताओं के बाद आने वाली कड़ियाँ हैं, जिनके अस्तित्व में आने की सम्भावना तब जन्म लेती है, जबकि हम किसी कार्य को पूर्ण करने की जिम्मेदारी अपने हाथों में ले लेते हैं अर्थात् जब हम अपनी मौलिक शक्तियों को भौतिक वस्तुओं पर आरोपित कर रहे होते हैं। हमारा यही प्रयास जब उस कार्य के पूर्ण होने के प्रति हमारी मन में विश्वास, साहस, इच्छाशक्ति आदि को जन्म देता है, तो दरअसल यह हमारी मौलिक शक्तियों का विकास ही है।
- इन लोगों का चिन्तन, समर्पण अपनी परिकल्पना के लिए होता है अर्थात् ये पूरी तरह से एकाग्र होकर अपना कार्य करते हैं। यही कारण है कि इनके **छोटे-छोटे प्रयास जुड़ने लगते हैं।** अपने कार्य से सम्बन्धित महत्त्वपूर्ण बातें इनकी समझ में आने लगती हैं। **आँखों के आगे का परदा हटने लगता है।**
- इस समय तक के इनके प्रयासों में सिवाय इनके कोई दूसरा रुचि नहीं लेता और न ही कोई इनके कार्य पर ध्यान देता है। अकसर इन्हें लोगों के विरोध का सामना या उनकी आलोचना को भी सहन करना पड़ता है।
- अपने समर्पण एवं एकाग्रचित मन के कारण ये इन परिस्थितियों में भी अपना कार्य इसलिए जारी रख पाते हैं, क्योंकि इन्होंने अपनी मौलिक शक्तियों का विकास किया है अर्थात् उन्हें अपने आत्मविश्वास, अपने साहस, अपनी दृढ़ इच्छाशक्ति या अपने सकारात्मक दृष्टिकोण में बदल लिया है।
- इस प्रकार सभी विपरीत परिस्थितियों के मध्य भी इनके छोटे-छोटे प्रयास जुड़कर एक आश्चर्यजनक परिणाम देते हैं।
- अब संसार को इनके कार्य के बारे में पता चलता है। अब वह नतमस्तक है। पहले तो इनकी प्रशंसा होती है और अन्ततः ये महान् व्यक्तित्वों की श्रेणी में आ जाते हैं।

क्या आप विश्वास कर सकते हैं?

- कि कोई भी सफल व्यक्ति अपने बारे में यही कहने को विवश है कि वह अपनी सफलताएँ तो गिन सकता है लेकिन असफलताएँ नहीं।
- वह यह भी कहने को विवश है कि उसकी भूतकाल की असफलताएँ ही उसकी भविष्य की सफलता का कारण बनी थीं।

आप सभी स्टीफेंस हाकिंस के बारे में जानते हैं। पर क्या आप जानते हैं कि यही स्टीफेंस हॉकिंस जो आज भौतिक विज्ञान के क्षेत्र में दिन-प्रतिदिन ऊँचाइयाँ चढ़ते जा रहे हैं, जो बोल नहीं सकते, चल नहीं सकते, जिनके हाथों की सिर्फ दो

अँगुलियाँ कार्य कर सकती हैं और जिन्हें अपनी शारीरिक अक्षमताओं के कारण Motor Neurone Disease कहा जाता है, इन्होंने अपने प्रारम्भिक दौर में कितनी असफलताओं का सामना किया था। उनके द्वारा लिखी पुस्तक A Brief History of Time में आप उनके संघर्ष के बारे में जानकर आश्चर्यचकित रह जायेंगे।

जहाँ तक सफल लोगों का प्रश्न है, तो उनकी सफलताएँ वे तो क्या? हम भी अँगुलियों पर गिन सकते हैं। पर उनकी सफलताओं की नींव में जो ढेरों असफलताएँ होती हैं, उन्हें गिनाना खुद उनके लिए भी एक असम्भव कार्य है, क्योंकि संघर्ष के दिनों में तो मनुष्य हर तरफ से, हर पल टूटता है। किस-किस समय को ध्यान रखा जा सकता है? पर वह फिर साहस जुटाता है और फिर आगे बढ़ने का प्रयास करता है और इस प्रकार एक रोज वह कामयाब होता है।

असफलताओं का सच यही होता है कि वे ही आपकी सफलता का मार्ग प्रशस्त करती हैं, यदि

1. आप असफलताओं से निराश न हों, हिम्मत बनाये रखें।
2. यदि कुछ समय के लिए निराशा आ भी जाये, तो भी इतना हौसला बना रहना चाहिए कि आप दुबारा कदम आगे बढ़ा सकें।

हममें से अधिकांश लोग असफल हो जाने पर बहुत अधिक निराश हो जाते हैं एवं इतना निराश हो जाते हैं कि आगे बढ़ने का या पुन: प्रयास करने का साहस जुटा ही नहीं पाते। याद रखिए असफलताओं का सामना किये बिना, अपने कार्यक्षेत्र में संघर्ष किये बिना आज तक कोई भी व्यक्ति सफलता की ऊँचाइयों को स्पर्श नहीं कर पाया है। आपमें और उनमें अन्तर सिर्फ इतना है कि वे अपनी असफलताओं के दौर में भी आगे बढ़ने के प्रयास करते रहे, हौसला बनाये रखा। कोई भी असफलता इतनी बड़ी कभी नहीं हो सकती, जो मनुष्य को पूरी तरह से निराश कर सके। यदि एक सत्य यह है कि कामयाब वे ही होते हैं जो प्रयास करते हैं, तो एक सत्य यह भी है कि प्रयास करने वालों को ही नाकामयाबी मिलती है। अकर्मण्य लोग तो मैदान में कूदने से ही घबराते हैं। और एक सत्य यह भी है कि लगातार प्रयास करने वाले एक रोज कामयाब ही होते हैं। उनके लिए दूसरी कोई सम्भावना बनती ही नहीं है। सफल व्यक्तियों का इतिहास चीख-चीखकर कहता है कि असफल तो हम भी हुए थे, परिश्रम तो हमें भी करना पड़ा, कठिनाइयाँ तो हमारे जीवन में भी आयी थीं और आँखों से आँसू तो हमारे भी गिरे थे, मानसिक तनाव का सामना तो हमने भी किया।

आप असफलताओं को सकारात्मक रूप में लीजिए, उन्हें सहजता से सहन करना सीखिए। फिर देखिए कि सफलता किस प्रकार आपकी ओर खिंची चली आती है। **न जाने कितने लोग इस संसार में भरे पड़े हैं, जिन्हें अपनी हार पर भी उतना ही आनन्द आता है, जितना अपनी विजय पर, क्योंकि वे असफलताओं को खुद के लिए चुनौती के रूप में स्वीकार करते हैं।** असफलताओं में आपका उनके प्रति नजरिया ही आपको निराश कर देता है और आपका नजरिया ही आपमें उनसे लड़ने

का साहस, आपके योद्धा होने की गौरवपूर्ण अनुभूति का एहसास कराता है।

असफलताओं के प्रति आपका नजरिया कैसा हो?

1. उसने अपनी प्रत्येक असफलता से सिर्फ एक ही बात सीखी है कि वह असफल क्यों हुआ?

2. वह अपने जीवन में जितना अधिक असफल होता जाता है, सफलता के लिए उसकी भूख उतनी ही अधिक बढ़ती जाती है।

3. वह जितनी बार असफल होकर गिरा, तो उसने तो बस प्रत्येक बार उठने का प्रयास भर किया था, पर वह आश्चर्यचकित हुआ, क्योंकि प्रत्येक बार उसे स्वयं में पूर्व से भी अधिक बल जान पड़ा।

4. वह असफलताओं से कभी निराश नहीं होता, क्योंकि उसने अभी तक जितने भी सफल व्यक्तियों के बारे में जाना है, वे सभी कभी अपने जीवन में असफल भी रहे थे।

प्रत्येक व्यक्ति सचिन तेन्दुलकर क्यों नहीं हो सकता?

इस पुस्तक के लेखनकार्य के दौरान मुझे बहुत से अवसरों पर तरह-तरह के प्रश्नों से जूझना पड़ा। उनमें से एक महत्त्वपूर्ण प्रश्न यह भी था। लोगों का कहना था कि यदि सभी व्यक्तियों की मौलिक क्षमताएँ समान हैं, तो सभी सचिन तेन्दुलकर क्यों नहीं बन पाते?

◆ बात बिल्कुल सच है। सभी सचिन तेन्दुलकर नहीं बन पाते। क्रिकेट जगत में ढेर सारे बल्लेबाज हैं, वे भी सचिन के स्तर को स्पर्श नहीं कर पाये। बहुत ही कम क्रिकेटर्स की तुलना सचिन से की जा सकती है।

◆ सचिन के अन्दर जबरदस्त प्रतिभा है, लेकिन सिर्फ उनका प्रतिभावान होना उनकी सफलता का कारण नहीं है।

◆ सचिन ने क्रिकेट को 100% समर्पण दिया है। वह क्रिकेट को जीते हैं, खाते हैं, पीते हैं और पहनते हैं अर्थात् उनके समर्पण पर कभी कोई अंगुली नहीं उठायी गयी। उनके बचपन के कोच रमाकान्त अचरेकर सहित भारतीय क्रिकेट के सभी प्रशिक्षकों की यही राय है कि सचिन क्रिकेट के अतिरिक्त कुछ नहीं सोचते।

◆ सचिन की प्रतिभा और उसके साथ खेल के प्रति जबरदस्त जुनून और समर्पण ने उन्हें एक अविश्वसनीय बल्लेबाज बनाया है। सिर्फ उनकी प्रतिभा ने नहीं।

◆ पर प्रश्न है कि यदि सचिन 60-70 के दशक में पैदा होते, क्या तब भी वह इतनी ख्याति अर्जित कर पाते? जवाब है नहीं।

◆ सर डॉन ब्रेडमैन भी बहुत बड़े बल्लेबाज थे लेकिन वह सचिन जैसी ख्याति अर्जित नहीं कर पाये। उनके खेल (बल्लेबाजी) के कारण उनकी प्रशंसा होती है, पर उस समय क्रिकेट का जुड़ाव ग्लैमर से नहीं था।

- सुनील मनोहर गावस्कर और कपिल देव जैसे महान् क्रिकेटर भी प्रसिद्धि के स्तर पर सचिन जैसी सफलता हासिल नहीं कर पाये, जबकि वे भी बहुत बड़े क्रिकेटर थे।
- यह किसी कार्य को **करने का समय** और **परिस्थितयाँ** होती हैं, जो उस कार्य को करने वाले व्यक्ति को महान् बना देती है।
- सुनील गावस्कर और कपिल जैसी प्रतिभाओं के कारण भारतीय क्रिकेट प्रेमियों का ध्यान क्रिकेट की तरफ मुड़ा। अर्थात् क्रिकेट में ग्लैमर लाने में इन क्रिकेटर्स का महत्त्वपूर्ण सहयोग था।
- क्रिकेट में ग्लैमर का प्रवेश हुआ। ठीक इसी समय सचिन ने अपनी प्रतिभा और समर्पण से अपनी बल्लेबाजी की एक अद्भुत और आकर्षक शैली विकसित की।
- साथ ही क्रिकेट खेलने वाले सभी देशों की आबादी कुल मिलाकर भारत की आधी आबादी के बराबर भी नहीं है। अर्थात् भारतीय टीम में शानदार क्रिकेट खेलने वाले क्रिकेटर को लगभग 1 अरब लोगों का प्यार मिलना निश्चित था। अर्थात् बहुत बड़ा स्टार।
- कोई भी व्यक्ति अपने टैलेण्ट, परिश्रम और समर्पण से अपने काम को महत्त्वपूर्ण बना सकता है। **समय एवं परिस्थितयाँ** उसके कार्य का मूल्यांकन करेंगी।
- सचिन करते भी क्या हैं? बहुत अच्छी बल्लेबाजी। क्रिकेट लगभग हम सभी ने खेला है। हम भी बल्लेबाजी करना जानते हैं, पर सचिन में अन्तर्राष्ट्रीय गेंदबाजों को खेलने की जबरदस्त योग्यता है। बस पूरे मनोयोग से बल्ला ही तो चलाना है।
- एक एडीटर भी तो विभिन्न विषयों, विभिन्न भाषाओं की तरह-तरह की पुस्तकों की एडिटिंग करता है। क्या यह कम बड़ा कार्य है? सचिन को बैट चलाना है। वह सचिन का क्षेत्र है। एक एडीटर को कलम चलाना है, यह उसका क्षेत्र है।
- सचिन ने अपने काम को अपना सबकुछ दिया। उस पर गर्व किया और उनके काम ने उन्हें सब कुछ दिया, उन पर गर्व किया। यदि आप अपने काम को अपना सबकुछ दें, उस पर गर्व करें, तो आपका काम आपको सब कुछ देगा, आप पर गर्व करेगा।
- आप एक एडीटर की कुर्सी पर बैठे हुए हैं या कोई भी अन्य कार्य कर रहे हैं। आपके मन में मलाल है कि आप सचिन नहीं बन पाये। प्रश्न है कि आप अपने कार्य पर कितना गर्व करते हैं? उसे कितना देते हैं।
- सचिन बनने की जरूरत क्या है? आप अपने काम में सचिन जैसा समर्पण

दीजिए, उसमें सचिन बनिए। आपका अपना भी कोई व्यक्तित्व है, उसका भी कुछ महत्त्व है। अपने काम से प्रेम कीजिए। सचिन के काम से प्रेम करना तो यही दर्शाता है कि आप खुद से ही खुश नहीं है। आपको अपने ही व्यक्तित्व, अपने ही काम पर शरम आती है।

- आज सचिन ने एक बड़ा काम कर दिखाया, तो सब सचिन बनना चाहते हैं।
- जब सानिया मिर्जा ने टेनिस में बेहतरीन काम किया, तो सभी सानिया मिर्जा बनने का सपना देखने लगे।
- कल को कोई और आयेगा और आप उसके पीछे लग जायेंगे।
- परसों कोई और.......................
- क्या इसका कोई अन्त है। प्रेरणा लेना एक अच्छी बात है लेकिन अन्धों की तरह सफलता के पीछे दौड़ना कितना उचित है?
- इन लोगों ने (सचिन और सानिया) अपने काम में मेहनत की और सफल हुए।
- आप अपने काम से मेहनत कीजिए और सफल बनिए।
- बस जिसे सफल होते देखा, उसके पीछे दौड़ पड़े। क्या आपका अपना कोई व्यक्तित्व नहीं? अपना कोई लक्ष्य नहीं? अपनी कोई चाहत नहीं?

सफलता के पीछे दौड़कर तुम क्या सोचते हो कि तुम सफल हो सकोगे। दौड़ना है तो सफलता की कहानी (संघर्ष) के पीछे दौड़ो। लोग परिश्रम करते हैं और नये मापदण्ड स्थापित करते हैं। तुम भी तो ऐसा कर सकते हो। गर्व करना है तो अपने व्यक्तित्व पर करो। अपने काम से प्यार करो। कामयाब लोगों की प्रशंसा करो और उनसे प्रेरणा लो। मुझे सचिन बनना है, सानिया बनना है। ये व्यर्थ की बाते हैं। शर्मनाक बातें हैं। सचिन की नकल करके नहीं, बल्लेबाजी में जबर्दस्त मेहनत करके तुम X बन सकते हो, Y बन सकते हो, सचिन से भी बेहतर बन सकते हो अर्थात् खुद नये मापदण्ड स्थापित कर सकते हो। बेवकूफों की तरह रंगीनियों की तरफ दौड़कर कुछ भी हासिल कर पाना सम्भव नहीं है।

मित्रों! विचार कीजिए कि आपको क्या करना है? मौलिक क्षमताएँ आपके पास भी हैं। उनका विकास आप भी कर सकते हैं। बड़ी सफलताओं से सिर्फ प्रेरणा लेना ही उचित कहा जा सकता है। अन्ततः परिश्रम तो आपको ही करना है। सही मार्ग अपनाकर आप कुछ भी हासिल कर सकते हैं। संसार में कुछ भी कठिन नहीं है लेकिन तब तक, जब तक कि आपमें उसे हासिल करने का साहस है।

(A)

एक व्यक्ति खड़े होकर चिन्तन कर रहा है, कहीं खोया हुआ है। यह व्यक्ति दूसरे कई कार्यों को करते समय भी अकसर खोया रहता है। कुछ लोग इसकी आलोचना भी करते रहते हैं।

एक व्यक्ति

(A)

दूसरे लोगों को इसके इन कार्यों में कोई रुचि नहीं है। हाँ, कुछ लोग इस पर हँसते अवश्य हैं।

वही व्यक्ति कुर्सी पर बैठा हुआ अपने एक हाथ में कागज लेकर दूसरे हाथ से एक पेन लेकर कुछ Mathemetical Calculations (गणितीय हल) कर रहा है।

(A)

लोगों की शिकायत है कि इसे दुनियादारी नहीं आती। न जाने कहाँ खोया रहता है? कैसा आदमी है?

वही व्यक्ति कुर्सी पर बैठा विचारमग्न है।

(A)

यह व्यक्ति एक ऑफिस में नौकरी भी करता है। वहाँ ऑफिस में भी समय मिलने पर वह कुछ Mathemetical Calculations (गणितीय हल) करता रहता है। कभी-कभी तो Calculations (हल) करके काट भी देता है। वह यह काम छिपकर करता है। किसी के अचानक आ जाने पर वह अपने कागजों को छिपा देता है। इस प्रकार वह आलोचना से बच जाता है।

वह एक कुर्सी पर बैठा हुआ कुछ Mathemetical Calculations (गणितीय हल) कर रहा है।

इस व्यक्ति में अपने काम के प्रति जबरदस्त समर्पण है, एकाग्रचित्तता है। उसे खुद पर पूरा भरोसा है, इसलिए दूसरों की आलोचना की वह कोई परवाह नहीं करता।

(A) और कोई नहीं बल्कि महान् वैज्ञानिक अलबर्ट आइंस्टीन हैं। इन्होंने 1905 में Special Theory of Relativity और 1916 में General Theury of Relativity दी थी।

Albert Einstein says - "great spirits have always found violent opposition from mediocrities."

❁ ━ ❁

सभी महान् कार्यों की कहानी लगभग ऐसी ही होती है। ये लोग काम वही करते हैं, पर मन में एक निश्चित दिशा होती है। चरित्र में दृढ़ता होती है अर्थात् किसी भी मुसीबत में ये अविचलित रहते हैं।

एकाग्रचित्तता और समर्पण

स्वामी विवेकानन्द के अनुसार एकाग्रचित्तता सफलता-प्राप्ति का सबसे उत्कृष्ट साधन है। वह कहते हैं कि हमारा मन पल-पल इधर-उधर भटकता रहता है। अकसर हम उसे किसी कार्य-विशेष के लिए एकाग्र नहीं कर पाते, तब हम स्वयं को किस प्रकार स्वतन्त्र कह सकते हैं?

व्यक्ति की स्वतन्त्रता का अर्थ है कि हम जब चाहें, जैसे चाहें, किसी भी कार्य को पूरे मन से कर सकें।

व्यक्ति की स्वतन्त्रता

1. संसार की बहुत-सी अनचाही या आपके मन की, पर निरर्थक वस्तुएँ अकसर हमें अपनी ओर खींचती हैं।

2. जब हम उनकी तरफ आकर्षित होते जाते हैं, तब अकसर हम अपने कार्य में अपना सर्वश्रेष्ठ प्रदर्शन नहीं कर पाते।

3. इस स्थिति में हमारा मन इतना भी सबल नहीं होता कि हम खुद अपनी मर्जी से कोई कार्य कर पायें।

4. अर्थात् हम स्वयं को ही स्वतन्त्र नहीं कह सकते, क्योंकि दूसरी निरर्थक चीजें हमें अपनी तरफ खींच रही होती हैं।

कामयाबी का मोती मनुष्य को तभी मिल सकता है, जबकि वह पूरे मन से एकाग्रचित्त होकर अपने लक्ष्य के लिए परिश्रम करे। एकाग्र मन महान् एवं उपयोगी विचारों का जनक है।

अकसर हम जब भी किसी कार्य की शुरुआत करना चाहते हैं, तो हमारा मन इधर-उधर भटकने लगता है। तब हम अपने कार्य को सही प्रकार से नहीं कर पाते। अन्तत: हमें असफल होना ही पड़ता है। फिर भी एक महत्त्वपूर्ण प्रश्न है कि आखिर क्यों आप चाहकर भी किसी कार्य में अपना मन एकाग्र नहीं कर पाते? क्यों आपका मन बार-बार इधर-उधर भागने लगता है? क्या कारण है?

1. **मनुष्य महत्त्वपूर्ण कार्य को सबसे पहले करने की स्वाभाविक वृत्ति रखता है।** मान लीजिए आप किसी कार्य को महत्त्वपूर्ण मानने के बावजूद किसी दूसरे कार्य के आकर्षण के चलते उसे नहीं कर पा रहे हैं। यह सोचकर आपको दु:ख भी होता है कि यह क्या हो रहा है? तो इसका स्पष्ट अर्थ है कि जो कार्य आप महत्त्वपूर्ण मानते हुए भी नहीं कर पा रहे हैं, उस कार्य का महत्त्व

आपके अन्तःकरण को स्वीकार नहीं है। हाँ वह (आपका अन्तःकरण) केवल जानता है कि उसे ऐसा करना चाहिए। इसलिए वह उसे महत्त्वपूर्ण मानता है लेकिन यह उसका वहम है। सच यह है कि आपका अन्तःकरण उस दूसरे कार्य को महत्त्वपूर्ण मानता है, जो आपको अधिक आकर्षित करता है अर्थात् आप स्वतन्त्र नहीं हैं।

2. अकसर कुछ कार्यों को हम अनिच्छा से कर रहे होते हैं और उसे ही अपना वास्तविक कार्य समझ रहे होते हैं, जबकि ऐसा नहीं होता। हम उसे किसी बाहरी दबाव के चलते करने को मजबूर होते हैं। इस तथ्य की गम्भीरता का अनुभव भी हम नहीं कर पाते।

3. यह बाहरी दबाव प्रत्यक्ष भी हो सकता है एवं अप्रत्यक्ष भी। अर्थात् इसका कोई भी रूप हो सकता है।

4. आप विचार कीजिए, चिन्तन कीजिए कि आप अपने काम में मन क्यों नहीं लगा पा रहे हैं?

5. जिस दिन मनुष्य अपने कार्य को अन्तर्मन से स्वीकार कर लेता है, उस दिन उसे उसके अलावा कुछ और नजर आना सम्भव ही नहीं है।

यदि आप विद्यार्थी हैं, तो अपने आपसे पूछिए कि क्या आप अपने अध्ययन के प्रति समर्पित हैं। कहीं ऐसा तो नहीं कि किसी खास प्रतियोगिता की तैयारी आप यह सोचकर कर रहे हैं कि कामयाब हो जाने पर कितना अच्छा होगा, सभी मेरी प्रशंसा करेंगे और मैं धनवान बन सकूँगा। **सुखद परिणाम के बारे में सोचना या अनावश्यक चिन्तन करना, यह दोनों ही बातें बहुत अलग हैं।** दरअसल इस प्रकार की अनावश्यक कल्पनाएँ आप पर एक प्रकार का अनावश्यक दबाव ही बनाती हैं। परिणामस्वरूप आप स्वयं को एकाग्र नहीं कर पाते। इसके अतिरिक्त कई अन्य कारण भी हो सकते हैं, जो आपका मन भटकाते हैं। होना तो यह चाहिए कि जिस प्रतियोगिता की आप तैयारी कर रहे हैं, वह आपका जुनून होना चाहिए। यदि आप ऐसा सोचते हैं तो आपके मन के भटकने का कोई कारण नहीं है और न ही आपकी कामयाबी में कोई सन्देह। इस स्थिति में आप निश्चित रूप से अपने अध्ययन के प्रति एकाग्र हो सकेंगे। यही सिद्धान्त जीवन के प्रत्येक क्षेत्र के लिए कार्य करता है। एकाग्र मन बहुत कुछ सरलता से सम्भव कर देता है।

एकाग्रचित्तता की अवस्था मनुष्य की एक ऐसी अवस्था है, जिसमें शक्ति ही शक्ति भरी पड़ी है। एक ऐसी शक्ति जो सिर्फ अपने लक्ष्य के बारे में जानती है। ऐसा मनुष्य कभी अपने लक्ष्य से नहीं भटक सकता, जिसका पूरा मन उसमें लगा हुआ है। हाँ यह हो सकता है कि आपको वहम हो कि आप तो अपने लक्ष्य के लिए ही कार्य कर रहे हैं। पर यदि आप एकाग्र नहीं हैं, तो निश्चित जानिए कि जो कार्य आप कर रहे हैं, वह आपके अन्तर्मन को स्वीकार नहीं है। थोड़ा सोचिए, चिन्तन कीजिए और पहले अपने कार्य को अपनी आत्मा की आवाज बनाइए और फिर कार्य की शुरुआत

कीजिए। अधूरे मन से कार्य करने से आपको कुछ हासिल होने वाला नहीं है। कामयाबी के ढेर सारे सिद्धान्तों में से यह भी एक महत्त्वपूर्ण सिद्धान्त है और ये सिद्धान्त कभी असफल नहीं होते।

दरअसल एकाग्रचित्तता की परिभाषा में जो अर्थ निहित है, वह सफलता की कुंजी बनकर स्वयं को परिभाषित करता है।

एक सफल एवं असफल व्यक्ति में कोई बहुत बड़ा अन्तर नहीं होता। सफलता एवं असफलता के वे परिणाम ही होते हैं, जो उनमें एक बड़ा अन्तर खड़ा कर देते हैं। आपको तो कामयाब होना है। इसके लिए यह जानना आवश्यक है कि कोई भी बड़ा लक्ष्य तभी प्राप्त किया जा सकता है, जबकि हमारा सम्पूर्ण समर्पण भी उस लक्ष्य के लिए हो।

एकाग्रचित्तता के लाभ

1. शान्त एवं एकाग्र मन में उपयोगी विचारों का उदय होता है।
2. अपने कार्य की बारीकियाँ आप शीघ्रता से समझ सकते हैं।
3. कार्य के प्रति निष्ठा, लक्ष्य पर नजर एवं एकाग्रचित्तता में अत्यन्त ही गहन सम्बन्ध है।
4. एकाग्रचित्तता मनुष्य के मन की एक ऐसी अवस्था होती है, जबकि वह बड़े से बड़े कार्य सरलता से कर सकता है।
5. जिस स्थान पर बारिश की बूदें बार-बार गिरती हैं, वहाँ एक गड्डे का बन जाना स्वाभाविक है।
6. एकाग्रचित्तता कामयाबी की ही एक कुंजी है।

एकाग्र न होने से नुकसान

1. प्रत्यक्ष या अप्रत्यक्ष रूप से जीवन के प्रत्येक क्षेत्र में नुकसान है।
2. आप अपना कार्य पूर्ण कर सकते हैं लेकिन अपेक्षित लाभ नहीं ले सकते।
3. मन में भटकाव के चलते एवं छोटी या बड़ी, असफलताओं के चलते कभी-कभी निराशा मन में जगह बना लेती है।
4. समय बीतने के साथ क्षमतावान होते हुए भी आपका विश्वास स्वयं पर से ही उठने लगता है।
5. आप एक साथ कई कार्य प्रारम्भ कर सकते हैं, पर सफलतापूर्वक पूर्ण एक भी नहीं कर सकते अर्थात् कामयाबी प्राप्त करने के लिए जितना भी प्रयास करेंगे, भटकाव उतना ही अधिक बढ़ता जायेगा।

महत्त्वपूर्ण यही है कि कोई भी कार्य तब तक प्रारम्भ ही न किया जाये, जब तक कि वह कार्य आपकी आत्मा की आवाज न बन चुका हो, आप उसके लिए एकाग्र

मन से कार्य न कर सकें। अधूरे मन से किये गये कार्यों में असफलता की सम्भावनाएँ कहीं अधिक होती हैं। आप निराश भी हो सकते हैं। इस प्रकार आपको कुछ भी हासिल न हो सकेगा। बहुत से लोग एक साथ ढेर सारे कार्य कर लेना चाहते हैं और परिणाम यह होता है कि वे कोई भी कार्य पूर्ण नहीं कर पाते। पर उन्हें जानना चाहिए कि सबसे पहले किसी एक कार्य में सफलता एवं फिर दूसरे कार्य में सफलता और अन्तत: एक दिन ऐसा भी आयेगा जबकि वे सभी कार्य साथ-साथ भी कर सकते हैं।

यह किस प्रकार कार्य करता है?

दरअसल आप जानते हैं कि जब आप कोई कार्य एकाग्रचित्त होकर पूरे मन से करते हैं, तब आप उस कार्य की जटिलताओं को समझते हुए उसका हल भी खोज निकालते हैं। जबकि उस कार्य को अधूरे मन से करने पर आप उसका हल निकाल ही लेंगे, यह आवश्यक नहीं। अर्थात् क्षमताएँ तो आपके पास होती ही हैं, बस मन एकाग्र करने पर आप उन्हें बाहर लाने का प्रयास कर रहे होते हैं **अर्थात् एकाग्रचित्तता कुछ भी नहीं है सिवाय मनुष्य के मन की एक ऐसी अवस्था है, जो उसकी छिपी हुई क्षमताएँ निकाल बाहर करती है।**

एकाग्रचित्तता बढ़ाने के कुछ व्यावहारिक उपाय

1. आप अपना अधिकांश समय अपने लक्ष्य के लिए चिन्तन-मनन करने में बिताइए।

2. यदि आपका मन कार्य करने में नहीं लग रहा है, तो कुछ समय के लिए मस्तिष्क को खुला छोड़कर विचार कीजिए कि ऐसा क्यों हो रहा है? अपने आपसे कहिए कि ऐसा नहीं होना चाहिए। याद रखिए ऐसी स्थिति में अनिच्छा से काम करना निरर्थक है। **पहले चिन्तन आवश्यक है।**

3. संसार में न जाने कितने लोगों ने योग का सहारा लेकर इस समस्या का निदान पाया है। आप भी ऐसा कर सकते हैं। इससे न केवल आपकी समस्या का हल होगा, बल्कि आप कई बीमारियों से भी बच सकेंगे।

4. मौन का अभ्यास भी लाभदायक है। दरअसल अनावश्यक अधिक बोलकर हम अपनी ऊर्जा को व्यय ही करते हैं। इसलिए उतना बोलिए, जितना आवश्यक है।

5. पद्मासन में बैठते हुए श्वास को धीरे-धीरे ऊपर खीचिए एवं तत्पश्चात् धीरे-धीरे छोड़िए। इस प्रक्रिया को बार-बार दोहराने पर आपकी शक्तियों का बिखराव रुक जाता है।

6. एक समय में एक ही काम कीजिए, उसी में डूब जाइए। इस प्रकार आप एक ही दिन में कई कार्य कर सकते हैं। पर यदि आप ऐसा नहीं करते हैं, तो इतना निश्चित जानिए कि पूरा दिन भी आपके एक कार्य के लिए कम पड़ जायेगा।

7. एकाग्रचित्तता बढ़ाने का सबसे कारगर उपाय है, अपनी उद्विग्नता को लेकर अपने-आपसे उसके कारणों के बारे में बात करना।

8. फालतू की बातें अर्थात् जिनका आपकी प्रगति से कोई लेना-देना न हो, उनसे दूर ही रहिए अन्यथा आपके मस्तिष्क में इतना कचरा भर जायेगा कि जब भी आप दिमाग पर जोर डालेंगे, तो कचरा ही बाहर आयेगा।

9. हममें से बहुत से लोगों का मन केवल इसलिए एकाग्र नहीं हो पाता, क्योंकि प्रत्यक्ष में हम जानते हैं कि हमारा लक्ष्य क्या है? पर जो कार्य करने का प्रयास हम कर रहे होते हैं, वह हमारे अन्तर्मन को स्वीकार नहीं होता। अर्थात् हम अपने उद्देश्य के बारे में निश्चित नहीं होते हैं और यह हमारा वहम होता है कि अमुक लक्ष्य ही हमारा उद्देश्य है। ऐसी स्थिति में अपनी **अनिच्छा के कारणों को** आत्ममन्थन द्वारा जानने का प्रयास कीजिए और पहले तो उस कार्य को अपने अन्तर्मन द्वारा स्वीकार कीजिए।

❋——❋

कामयाबी कैसे मिले?

अब तक हमने आत्मज्ञान की बात की है, मनुष्य की मौलिक क्षमताओं की बात की है, उनके विकास की बात की है और चर्चा की है कि महान् या बड़े-बड़े कार्य तक कितने साधारण प्रयासों का परिणाम होते हैं।

अब आपको इस अवधारणा के बारे में निश्चित हो जाना चाहिए कि परिणामरहित प्रयासों (अपेक्षित परिणाम न मिलना) एवं असफलता में जमीन-आसमान का फर्क है। सच्चे मन एवं लगन से किया गया प्रयास यदि परिणामरहित चला भी जाता है, तब भी उस प्रयास को करने में किया गया परिश्रम एवं चिन्तन कभी व्यर्थ नहीं जा सकता क्योंकि आप सीखते भी तो जाते हैं।

यदि मैं किसी कार्य में पूरे मन से प्रयास करने के बावजूद स्वयं को उस लक्ष्य की प्राप्ति के लिए असमर्थ पाता हूं तो भी मैं स्वयं को असफल नहीं मान सकता। क्योंकि मैं खुद पर अर्थात् अपने प्रयासों पर ध्यान देना चाहूंगा, केवल परिणाम पर नहीं। किसी प्रकार के लक्ष्य की प्राप्ति न होने पर स्वयं को असफल? यह किस प्रकार सम्भव है? मैं मनुष्य हूं, जीवित हूं, अपने प्रयासों के प्रति ईमानदार हूं, काम भी कर रहा हूं। मनुष्य और असफल? हां परिणाम न मिलने का कोई कारण या मेरी भूल अवश्य है और जिसे खोजकर पुनः प्रयास किया जा सकता है। लेकिन परिणाम न मिलने से मेरा परिश्रम व्यर्थ किस प्रकार कहा जा सकता है? मैं खुद पर विश्वास क्यों और कैसे खो दूं? सबसे महत्वपूर्ण बात तो यह है कि किसी लक्ष्य की अप्राप्ति को मनुष्य की असफलता किस प्रकार कहा जा सकता है।

We are not losers due to our failures but we are losers due to our thoughts, our attitude and for this failure, we are totally responsible for it.

1. इस संसार में प्रत्येक व्यक्ति यहाँ तक कि हमारे माता-पिता, मित्र और दूसरे सभी लोग हमारा आकलन हमारे द्वारा किये गये कार्यों के परिणाम के अनुसार करते हैं। जबकि परिश्रम करने के बावजूद इच्छित परिणाम न मिलने का कोई भी कारण हो सकता है। इस संसार में कम से कम ऐसे एक व्यक्ति का होना आवश्यक है, जो आपका आकलन आपके आपेक्षित परिणाम के आधार पर नहीं, आपके परिश्रम और निष्ठा के आधार पर करे और वह व्यक्ति इस पूरे संसार में सिर्फ आप हो सकते हैं। क्या आप विश्वास कर सकते हैं कि यदि आपको अपने परिश्रम पर भरोसा रहता है, तभी आप दुबारा मजबूती से प्रयास

कर सकते हैं। काम करने वाली मशीन खुद आप हैं। इस मशीन का दुरुस्त रहना बहुत आवश्यक है।

2. यदि आपने किसी कार्य को करने में पूरी ईमानदारी से कठोर परिश्रम किया है और किसी कारणवश आपको उचित परिणाम नहीं मिला है, तो घबराने की आवश्यकता नहीं है। जो परिश्रम आप कर चुके हैं, उससे मिलने वाला अनुभव और परिपक्वता आपके व्यक्तित्व में समाहित होने से खुद भगवान् भी नहीं रोक सकता। बस इस पर ध्यान देने की आवश्यकता है। तब आप आशाओं से कहीं बड़ी कामयाबी अर्जित कर सकेंगे। यदि आपने वास्तव में एक अच्छी भावना से कठोर परिश्रम किया है, तो वह कभी व्यर्थ नहीं जा सकता। चाहे वह परिश्रम आपने अपने किसी लक्ष्य के लिए किया हो, चाहे अपने प्रेम को प्राप्त करने के लिए किया हो या कुछ और। पर इस स्थिति में आपकी असफलता आपसे कुछ कहना चाहती है। जो आप प्राप्त करना चाह रहे हैं,आप उससे कहीं अधिक के अधिकारी हैं। ईश्वर नहीं चाहता कि आप इसी छोटी सफलता में उलझकर रह जायें, क्योंकि वह आपकी ईमानदारी, आपके नि:स्वार्थ मन और आपके परिश्रम का आपको पुरुस्कार देना चाहता है। पहले से अधिक परिपक्वता आप हासिल कर ही चुके हैं। बस आपको थोड़े धैर्य और इस तथ्य को समझने की और अन्ततः पुनः आगे बढ़ने की आवश्यकता है।

3. **पराजय स्वीकार कर लेने जैसी कोई भी अवधारणा इस पृथ्वी पर नहीं है। किसी भी लक्ष्य से पीछे हटना, मार्ग बदल लेना या पुनः उसी मार्ग पर आगे बढ़ना मनुष्य के विवेक का प्रश्न है।**

4. मनुष्य का जीवन बहुत बड़ी घटना या बहुत बड़ी चीज है। 'असफलता' नाम का यह जो शब्द है, हममें से अधिकांश लोग इसे नहीं समझ पाये हैं। हम अपने जीवनयापन के लिए जिस भौतिक लक्ष्य को प्राप्त करना चाह रहे हैं। एक या दो बार उसे प्राप्त न कर पाने की स्थिति में 'असफलता' जैसी छोटी अवधारणा को मनुष्य के जीवन की महान् घटना पर आरोपित कैसे किया जा सकता है? यह तो भयंकर अज्ञानता वाली बात हुई। लक्ष्य की प्राप्ति न होने पर स्वयं को असफल मत मानिए। तब आपमें उत्साह यथावत् रहेगा और आप नि:सन्देह पुनः प्रयास करने पर इच्छित वस्तु प्राप्त कर सकेंगे। स्वयं को असफल मानकर तो पुनः प्रयास करना भी इस बात की गारण्टी नहीं है कि आप कामयाब हो सकेंगे।

याद रखो, किसी भी युग में यह संसार सदैव एक सा रहा है। इसकी प्रवृत्ति कभी नहीं बदली। अब यदि तुम्हें किसी प्रकार का दुःख, असफलता या आन्तरिक चुभन इस संसार में मिलती है तो इसके लिए यह संसार तो उत्तरदायी हो ही नहीं

सकता। यह तो तुम्हारी खुद की अज्ञानता, अनुभवहीनता या अपरिपक्वता है जिसके कारण तुम यह सब सहने को मजबूर हुए। दूसरों को दोष मत दो, अपने आपको देखो, दोष स्वयं पर मढ़ो। अपनी कमियों को अपनी असफलता का नाम मत दो। यह तुम्हें कमजोर बना देगा।

सच यह है कि कामयाबी के जो सिद्धान्त हैं, वे अपनी जगह पर स्थिर हैं, वे कभी नहीं बदलते। ये तो हमारी कुछ गलत धारणाएँ हैं, जो हमें उनके अनुसार ढलने नहीं देती। आप अपने आप पर ध्यान दीजिए, अपने प्रयासों पर ध्यान दीजिए। स्वयं पर पूरा विश्वास रखिए कि आप आज नहीं तो कल कामयाब होंगे। आपका यही विश्वास आपको आपके लक्ष्य तक पहुँचायेगा। जब तक आप अपने लक्ष्य को प्राप्त न कर लें, तब तक स्वयं को एक योद्धा समझिए। **कोशिश करने वालों के सिर्फ दो वर्ग होते हैं - एक तो सफल और दूसरे सफलता के लिए संघर्षरत।** यदि हम अभी सफल लोगों की श्रेणी में नहीं आ पाये हैं, तो निश्चित रूप से हमें दूसरी श्रेणी में होना चाहिए। कोई अन्य श्रेणी तो सम्भव ही नहीं है। आपके द्वारा पूरे विश्वास के साथ किया गया परिश्रम शीघ्र ही आपको सफल व्यक्तियों की श्रेणी में लाकर खड़ा कर देगा। किसी भी प्रकार की असफलता से घबराने की नहीं, उससे सीख लेकर आगे बढ़ने की आवश्यकता है।

दरअसल तुम बहुत बड़ी भूल कर रहे हो। इस पृथ्वी पर पराजय नाम की कोई अवधारणा तो है ही नहीं। तुम ऐसा सिर्फ इसलिए मान लेते हो क्योंकि तुम स्वयं का आंकलन अपने कार्यों के आपेक्षित परिणामों से करने में लगे हो जबकि तुम्हें स्वयं का आंकलन अपने प्रयासों के आधार पर करना चाहिए। याद रखो, कुछ प्रयासों के परिणामरहित चले जाने से तुम्हें पराजित नहीं कहा जा सकता। यदि पराजय नाम की कोई अवधारणा इस पृथ्वी पर होती तो आखिर क्यों पुनः प्रयास करने की सम्भावना मनुष्य के पास है। आखिर क्यों? अपने विवेक के अनुसार मार्ग बदलने की या पुनः उसी मार्ग पर चलने की या उचित मार्ग के चयन का विकल्प सिर्फ मनुष्य के पास ही है। यह सोचने वाली बात है।

तो मित्रों! कठिनाइयों में हमें उठने की कला का विकास करना है और इसके लिए हमें आत्मविश्वासी, साहसी, सकारात्मक दृष्टिकोण का मालिक या स्वयं में दृढ़ इच्छाशक्ति जगाने की आवश्यकता है। प्रश्न उठता है कि यह आत्मविश्वास, साहस, सकारात्मक दृष्टिकोण या दृढ़ इच्छाशक्ति आदि क्या हैं? क्यों कुछ लोगों के अन्दर ये क्षमताएँ पायी जाती हैं और कुछ लोगों के अन्दर नहीं।

जब हम अपनी मौलिक क्षमताएँ किसी लक्ष्य को प्राप्त करने के लिए उसपर आरोपित करते हैं, जब हम यह कार्य सही तरह से सही दिशा में करते हैं, तो हमारे अन्दर उस लक्ष्य की प्राप्ति के लिए **आत्मविश्वास** का जन्म होता है। असफलता की स्थिति में **साहसपूर्वक** पुनः प्रयास करने की इच्छा जागृत होती है और हमारे अन्दर **सकारात्मक दृष्टिकोण** का विकास होता है। सही तरह से कार्य करने पर ये विशेषताएँ

स्वतः ही आपके व्यक्तित्व का एक महत्त्वपूर्ण भाग बन जाती हैं और आपके कार्य करने के तरीके से या आपकी बातों से नजर भी आती हैं। लेकिन जब आप परिश्रम ही नहीं करते या बिना किसी उचित दिशा के असंगठित परिश्रम करते रहते हैं या आपके पास अपने लक्ष्य के लिए कोई योजना नहीं होती या आप साधारण चीजों को खुद ही जटिल बना डालते हैं, तो आपके अन्दर कभी भी आत्मविश्वास का जन्म नहीं होता। आप कार्य तो कर सकते हैं, लेकिन इच्छित परिणाम की जिद नहीं कर सकते।

अब तक तो हम मौलिक क्षमताओं के विकास की बातें कर रहे थे लेकिन उनके विकास के बाद अगला चरण क्या है? यह ठीक उसी प्रकार है जबकि हम निराकर ब्रह्म की उपासना करते हैं। पर साकार ब्रह्म है। मौलिक क्षमताओं के बाद की आने वाली कड़ियों का नाम ही तो आत्मविश्वास है, साहस है, सकारात्मक दृष्टिकोण है या दृढ़इच्छाशक्ति है या मनुष्य की अन्य विशेषतायें हैं। क्या तुम विश्वास कर सकते हो कि अपनी मौलिक शक्तियों को सही तरह से, सही दिशा में भौतिक वस्तुओं पर आरोपित करके ये विशेषतायें तो तुम खुद अन्दर भी विकसित कर सकते हो और यही तो कामयाबी के मूलमन्त्र हैं, यही तो मनुष्य के जीवन का सर्वाधिक उज्जवल पक्ष हैं।

सच यही है कि आपमें से कोई भी व्यक्ति असफल नहीं कहा जा सकता। कामयाबी का सबसे बड़ा सिद्धान्त यही है कि जब तक मनुष्य काम (work) कर रहा है, तब तक वह असफल नहीं कहा जा सकता।

यदि आप अपनी प्रगति के लिए प्रयास नहीं कर पा रहे हैं, तो भी आप असफल नहीं कहे जा सकते। कारण यह है कि सम्भावनाएँ वहाँ बनी हुई हैं अर्थात् आप आज से और अभी से काम की शुरुआत कर सकते हैं।

तब निःसन्देह आपमें आत्मविश्वास का सृजन होगा, आप साहसी होते जायेंगे। दूसरे शब्दों में कामयाबी प्राप्त करने के लिए सभी आवश्यक गुण आपके अन्दर स्वतः ही विकसित होते जायेंगे। मनुष्य के प्रयासों के सन्दर्भ में 'पराजय' और 'असफलता' नाम के इन शब्दों का कोई मूल्य नहीं है। पर केवल किसी के कहने से, आपके सुनने या पढ़ने से यह बात आपकी समझ में आने वाली नहीं है। पहले इसे हृदय से स्वीकार कीजिए, तब आप इन शब्दों की सत्यता को अनुभव कर पायेंगे।

क्या आप जानते हैं कि इन शब्दों को आप अपने हृदय से कब स्वीकार कर पायेंगे? इसके लिए आपको इन शब्दों की सत्यता जानने के लिए चिन्तन करने की आवश्यकता है अर्थात् आप अपने मस्तिष्क पर जोर डालिए कि क्या वास्तव में यह सच है? इन शब्दों के विरोध में आपके पास जितने तर्क हैं, उन्हें मस्तिष्क में लाइए एवं यही कार्य इनके समर्थन में उपस्थित तर्कों के लिए कीजिए। कुछ घण्टों, कुछ दिनों या एक दो सप्ताह के बाद आप देखेंगे कि सन्देह के बादल हटते जा रहे हैं, आँखों के आगे का परदा अब गायब होने लगेगा। आप जान पायेंगे कि यही सत्य है।

पर प्रश्न है कि इस तथ्य को स्वीकार करने के लिए चिन्तन क्यों आवश्यक था? दरअसल कोई भी नयी बात आप तभी स्वीकार कर पायेंगे, जबकि आपके पास उसे स्वीकार करने के लिए कोई उचित और मजबूत कारण भी हो। चिन्तन करके आप इन्हीं कारणों की भरपाई करेंगे। जबकि समस्याएँ आपकी अपनी थीं, परिस्थितियाँ आपकी अपनी थीं, विचार आपके अपने थे और आपने एक नये विचार की सत्यता परखने के लिए उसे सामने रखकर ईमानदारीपूर्वक आत्मचिन्तन किया। **यही सही तरीका है।**

यदि मैं एक डाक्टर हूँ और भूतकाल में मुझे प्रतिकूल परिस्थितियों का सामना करना पड़ा था, अब जबकि मैं उनसे उबर चुका हूँ, तो निश्चित रूप से मेरे पास कुछ अतिरिक्त अनुभव होगा। अब यदि आप भी कुछ प्रतिकूल परिस्थितियों में फँस गये हैं, तो मेरा अनुभव आपकी मदद तो कर सकता है, पर यदि आप उसे केवल सुनेंगे, तो आप तात्कालिक प्रेरणा पायेंगे, जबकि यदि आप उस पर **अपनी समस्याओं को केन्द्र में रखकर** सोच-विचार भी करेंगे, तब आप अपनी समस्याओं के हल भी पायेंगे।

अन्तत: निश्चित है कि 'पराजय' नाम की कोई भी अवधारणा इस पृथ्वी पर नहीं है और यदि वह है, तो किसी व्यक्ति विशेष के लिए हो सकती है, मनुष्य के लिए तो ऐसा होना सम्भव ही नहीं है अर्थात् आपका सरलता से पराजय स्वीकार कर लेना आपकी व्यक्तिगत समस्या है, मनुष्यों की परम्परा ऐसी प्रवृत्ति नहीं रखती। वास्तव में जब हम सही ढंग से कार्य नहीं करते या प्रेरणात्मक शब्दों को सही ढंग से नहीं समझ पाते हैं, तभी हम खुद को लक्ष्य से दूर पाते हैं।

एक बार नहीं, दो बार नहीं, हजार बार वह यह कहने को विवश है कि तुम खुद को किसी भी परिस्थिति में असफल मानना छोड़ दो। तुम्हारे जीवन की छोटी-छोटी घटनायें तक इस तथ्य की तरफ संकेत करती हैं, महान लोगों के महान कार्यों का विश्लेषण भी यही परिणाम देता है। तुम्हारा सिर्फ मनुष्य होना ही इस बात की गारण्टी है कि तुम कभी असफल नहीं कहे जा सकते। इस एक तथ्य को यदि तुमने स्वीकार कर लिया तो तुम उत्साह से सदैव भरे रहोगे। बड़ी-बड़ी असफलतायें (जो अस्थिर हैं) भी तुम्हें विचलित नहीं कर पायेंगी। तुम दिन प्रतिदिन विकास की ओर उन्मुख होते जाओगे। अब तुम्हीं इस बात का निर्णय करो कि आखिर कब तक तुम कामयाबी से दूर रहोगे?

कामयाबी के मूलमन्त्र

1. कठोर परिश्रम (hard working)
2. योग्यता (skill)
3. दृढ़ इच्छाशक्ति (Firm determination)
4. भाग्य (luck)
5. सकारात्मक दृष्टिकोण (Positive Attitude)

यदि कोई व्यक्ति अनुभव करता है कि उसके अन्दर दूसरों की अपेक्षा शर्त (2) का अभाव है अर्थात् वह स्वयं में योग्यता की कमी को महसूस करता है, तो शर्त (1) को अंगीकार कर उसे दूर किया जा सकता है।

♦ कठोर परिश्रम ही सफलता का दूसरा नाम है।
♦ कठोर परिश्रम आत्मविश्वास का जनक है।

6. आत्मविश्वास (Self-confidence)

आत्मविश्वास से संसार का कठिन से कठिन लक्ष्य प्राप्त किया जा सकता है।

यदि व्यक्ति शर्त नं. (1), (2), (3), (6) पर खरा उतरता है तो निश्चित रूप से शर्त नं. (5) के अनुसार उसका दृष्टिकोण सकारात्मक होगा। इस स्थिति में शर्त नं. (4) उसके साथ है।

कायर एवं अकर्मण्य लोग ही भाग्य का इन्तजार करते हैं, जबकि बहादुर लोग अपने भाग्य का निर्माण स्वयं करते हैं। भाग्य वास्तव में उनके लिए कार्य करता है, जिनकी योजनाओं में भाग्य की कोई भूमिका नहीं होती।

शर्त (6) अर्थात् आत्मविश्वास साहस का जनक है।

7. साहस (Courage)

संसार के सभी आश्चर्यजनक कार्य उनके करने वालों के साहसी होने के कारण ही हुए हैं।

शर्त (6) एवं शर्त (7) व्यक्ति के ऐसे दृष्टिकोण के तत्त्व हैं, जो उसे साहसिक, सकारात्मक दृष्टिकोण प्रदान करते हैं। सकारात्मक दृष्टिकोण प्रत्येक व्यक्ति की सफलता के विस्तार का मापदण्ड है।

सभी कठिन कार्य एवं आश्चर्यजनक वैज्ञानिक खोजें, आविष्कार सकारात्मक दृष्टिकोण का ही परिणाम हैं।

यदि आप कल्पनाशील हैं, आपमें कल्पनाशीलता (imagination) है, तो आप निश्चित रूप से अपने सकारात्मक दृष्टिकोण के चलते ऊँचे स्वप्नों (high dreams) का सृजन करेंगे।

जीवन जीने का यही उचित तरीका है।

आत्म विश्वास · साहस · दृढ़ संकल्प · सकारात्मक दृष्टिकोण

सफलता के सिद्धान्त
(Principles of Success)

ये सिद्धान्त कभी नहीं बदलते (These principles never see a change)

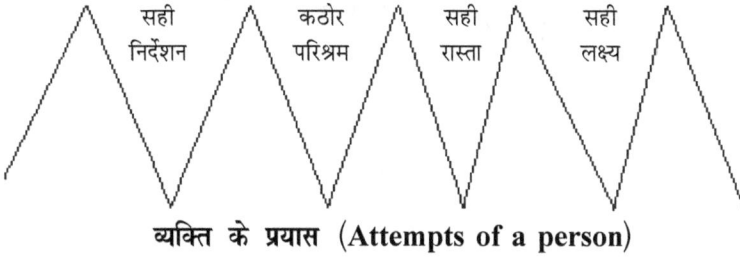

सही निर्देशन · कठोर परिश्रम · सही रास्ता · सही लक्ष्य

व्यक्ति के प्रयास (Attempts of a person)

हमें अपने प्रयासों को सफलता के सिद्धान्तों के अनुसार ढालना है। यदि लक्ष्य निश्चित है, परिश्रम किया जा रहा है, आत्मविश्वास भी है, तो कोई व्यक्ति नयी दिशा तथा नये रास्तों का निर्माण करके भी अपने लक्ष्य तक पहुँच सकता है।

(i) एक व्यक्ति (A) ने किसी लक्ष्य के लिए परिश्रम किया।

सही निर्देशन · कठोर परिश्रम · सही रास्ता · सही लक्ष्य

आत्म विश्वास · साहस · दृढ़ संकल्प · सकारात्मक दृष्टिकोण

(A)

असफल व्यक्ति

सफलता के सिद्धान्त कभी नहीं बदलते, हमें स्वयं को उनके अनुसार ढालना है।

(ii) उसी व्यक्ति (A) ने दुबारा प्रयास किया।

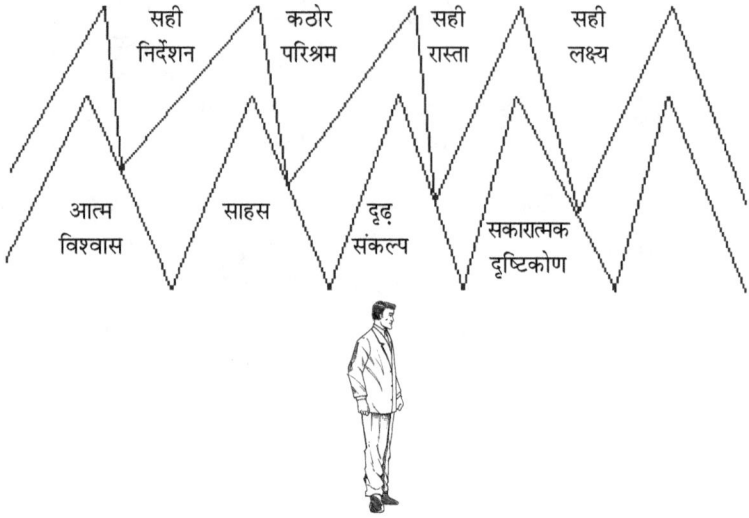

सही निर्देशन   कठोर परिश्रम   सही रास्ता   सही लक्ष्य

आत्म विश्वास   साहस   दृढ़ संकल्प   सकारात्मक दृष्टिकोण

(A) पुनः असफल हुआ

(iii) (A) ने एक प्रयास और किया।

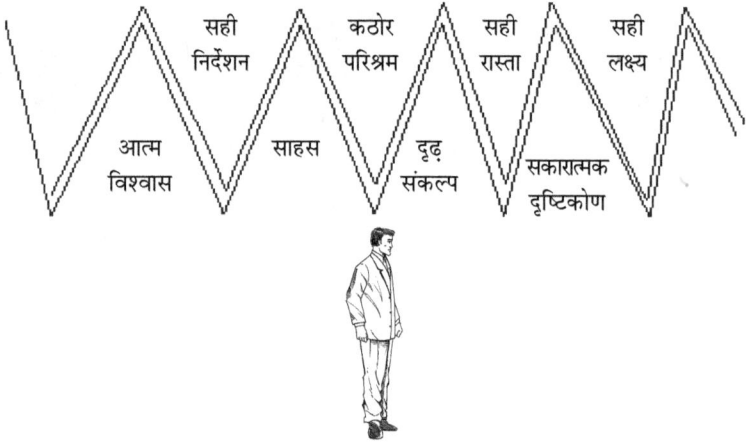

सही निर्देशन   कठोर परिश्रम   सही रास्ता   सही लक्ष्य

आत्म विश्वास   साहस   दृढ़ संकल्प   सकारात्मक दृष्टिकोण

अन्ततः **(A)** कामयाब हुआ

सफलता के सिद्धान्त कभी नहीं बदलते, हमें स्वयं को उनके अनुसार ढालना है।

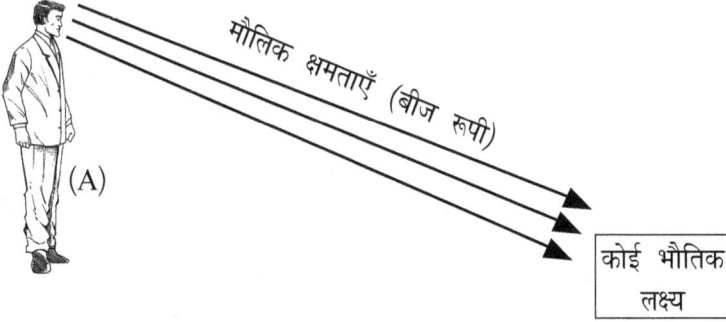

मौलिक क्षमताएँ (बीज रूपी)

कोई भौतिक
लक्ष्य

(A)

(A) ने एक भौतिक लक्ष्य प्राप्त करने के लिए अपनी मौलिक क्षमताओं को सही दिशा में, सही तरह से आरोपित किया है। अब इनके अन्दर इस लक्ष्य को प्राप्त करने के लिए आवश्यक विशेषताओं (आत्मविश्वास, साहस, दृढ़ इच्छाशक्ति, सकारात्मक दृष्टिकोण आदि) का जन्म होगा।

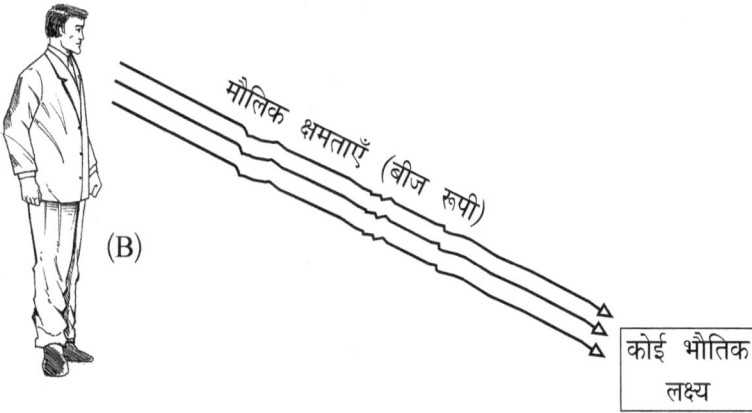

मौलिक क्षमताएँ (बीज रूपी)

कोई भौतिक
लक्ष्य

(B)

(B) ने अपने लक्ष्य को प्राप्त करने के लिए अपनी मौलिक क्षमताओं का उपयोग ठीक से नहीं किया है। इसलिए इनके अन्दर आवश्यक विशेषताओं का जन्म सम्भव नहीं है।

सब कुछ वही है। अन्तर सिर्फ आपकी क्षमताओं के उपयोग करने के तरीके से खड़ा होता है।

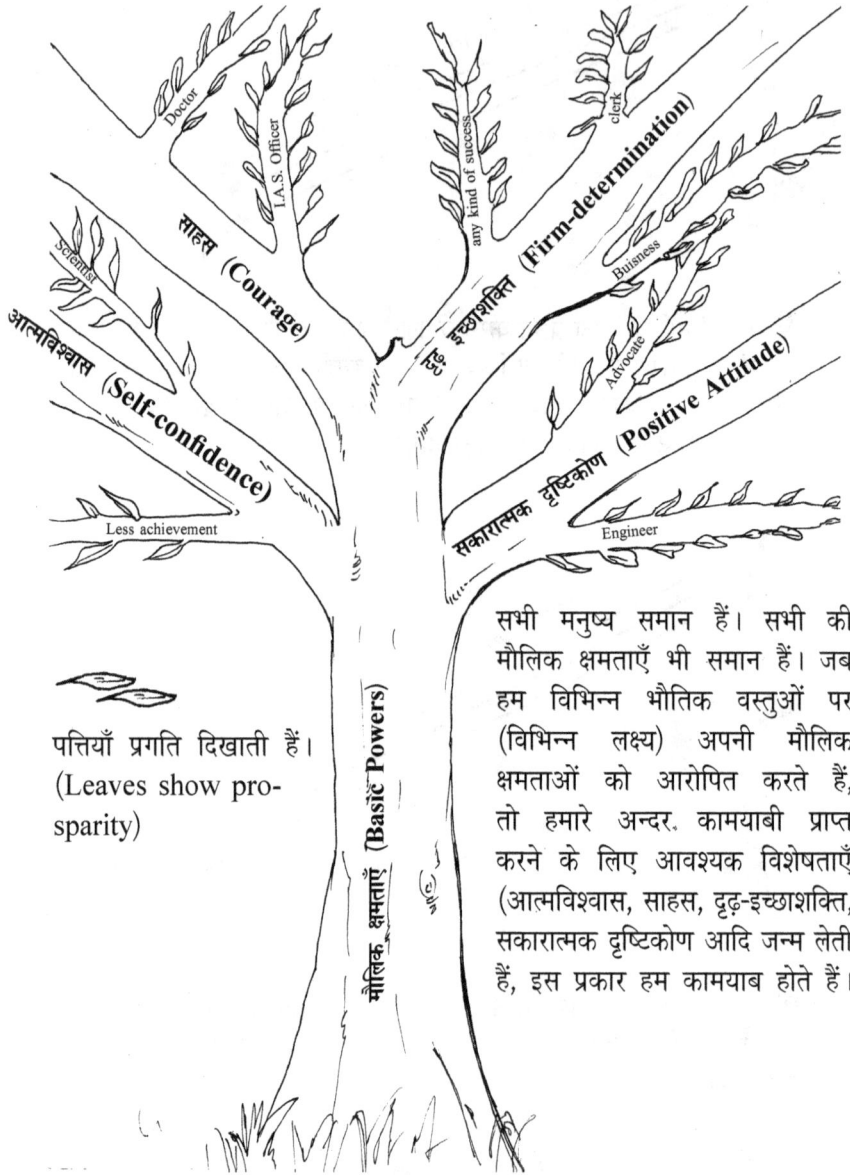

आत्मविश्वास (Self-confidence)

साहस (Courage)

दृढ़-इच्छाशक्ति (Firm-determination)

सकारात्मक दृष्टिकोण (Positive Attitude)

Scientist

Doctor

I.A.S. Officer

any kind of success

clerk

Buisness

Advocate

Less achievement

Engineer

पत्तियाँ प्रगति दिखाती हैं।
(Leaves show prosparity)

मौलिक क्षमताएँ (Basic Powers)

सभी मनुष्य समान हैं। सभी की मौलिक क्षमताएँ भी समान हैं। जब हम विभिन्न भौतिक वस्तुओं पर (विभिन्न लक्ष्य) अपनी मौलिक क्षमताओं को आरोपित करते हैं, तो हमारे अन्दर कामयाबी प्राप्त करने के लिए आवश्यक विशेषताएँ (आत्मविश्वास, साहस, दृढ़-इच्छाशक्ति, सकारात्मक दृष्टिकोण आदि जन्म लेती हैं, इस प्रकार हम कामयाब होते हैं।

मौलिक क्षमताओं का वृक्ष (Tree of Basic Powers)

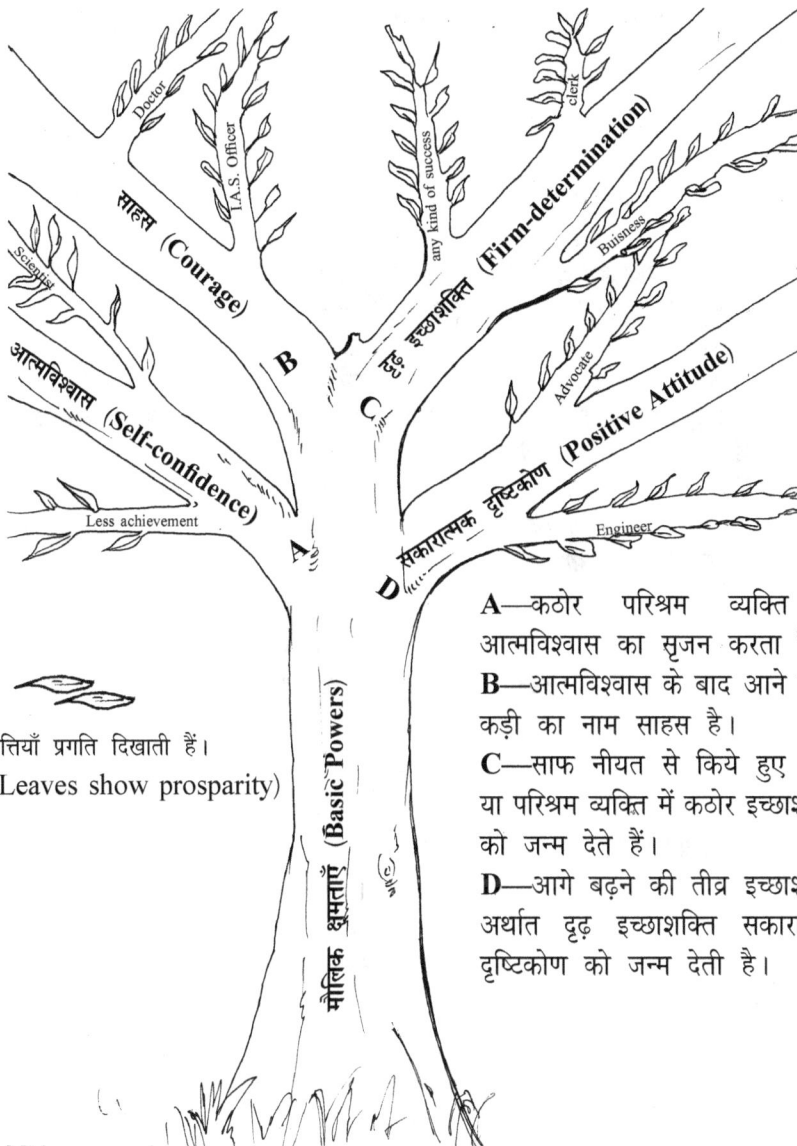

Doctor
I.A.S. Officer
any kind of success
clerk
साहस (Courage)
Scientist
आत्मविश्वास (Self-confidence)
B
C
दृढ़ इच्छाशक्ति (Firm-determination)
Buisness
Advocate
सकारात्मक दृष्टिकोण (Positive Attitude)
Less achievement
Engineer
A
D
मौलिक क्षमताएँ (Basic Powers)
पत्तियाँ प्रगति दिखाती हैं।
(Leaves show prosparity)

A—कठोर परिश्रम व्यक्ति में आत्मविश्वास का सृजन करता है।

B—आत्मविश्वास के बाद आने वाली कड़ी का नाम साहस है।

C—साफ नीयत से किये हुए कार्य या परिश्रम व्यक्ति में कठोर इच्छाशक्ति को जन्म देते हैं।

D—आगे बढ़ने की तीव्र इच्छाशक्ति अर्थात दृढ़ इच्छाशक्ति सकारात्मक दृष्टिकोण को जन्म देती है।

मौलिक क्षमताओं का वृक्ष (Tree of Basic Powers)

आत्मविश्वास (Self-confidence)

आत्मविश्वास की शक्ति

कठोर परिश्रम व्यक्ति में आत्मविश्वास का सृजन करता है।

तुम कहते हो कि अमुक चीज अच्छी है। इसका स्पष्ट अर्थ है कि तुम उसे अच्छा इसलिए कह रहे हो क्योंकि उसके खराब होने की सम्भावनायें भी हैं। ठीक इसी प्रकार जब भी तुम किसी लक्ष्य की तरफ बढ़ना चाहो तो यह चिन्तन करना ही छोड़ दो कि तुम इसे कर सकते हो या नहीं? कर पाने या न कर पाने में न कर पाने या कर पाने का भाव भी समाहित है। बस काम की शुरूआत करो और अन्त तक लगे रहो। बस यही आत्मविश्वास है जो तुमसे कहता है कि यदि अचानक ही तुम्हारे मुख से कोई साहसिक शब्द निकल जाता है तो तुम उसे सार्थक भी कर सको। आत्मविश्वास की इससे श्रेष्ठ परिकल्पना तो कोई दूसरी हो ही नहीं सकती। मैं पूरे विश्वास के साथ कह सकता हूं कि तुम्हारे द्वारा किसी लक्ष्य की प्राप्ति कर पाना या न कर पाना, तुम्हारी अयोग्यता का नहीं तुम्हारे दृष्टिकोण, तुम्हारी रूचियों और तुम्हारे चिन्तन का परिणाम है

बस। कामयाबी के लिए आत्मविश्वास से अधिक प्रेरणात्मक टॉनिक कोई दूसरा नहीं है। व्यक्ति का खुद पर विश्वास करना दरशाता है कि मैं अपने उद्देश्य में अवश्य ही सफल हो जाऊँगा। यदि आप ऐसा सोचते हैं, तो समझ लीजिए कि आप आधी जंग जीत चुके हैं।

जिस प्रकार एक चुम्बक लोहे को आकर्षित करती है, ठीक उसी प्रकार आत्मविश्वासी व्यक्ति को सफलता स्वयं ही आकर्षित करती है। बड़ी-बड़ी असफलताएँ भी उस व्यक्ति को निराश नहीं कर पातीं, क्योंकि उसके अन्तर्मन ने उसे सिर्फ एक ही बात सिखायी है कि आज नहीं तो कल उसे कामयाब होने से नहीं रोका जा सकता।

वह लड़का एक गरीब परिवार से था और अपने मवेशी चराया करता था। उसके पिता ने एक बार उसका हाथ एक ज्योतिषी को दिखाकर उसकी शिक्षा के बारे में पूछा। ज्योतिषी के अनुसार ईश्वर ने उसके भाग्य में शिक्षा नहीं लिखी थी। ऐसा जानकर उसके पिता ने उसकी शिक्षा पर कोई ध्यान नहीं दिया। वह अपने मवेशी तो चराने जाता, पर ज्योतिषी द्वारा कही यह बात वह कभी भुला न सका। उसने इस बात के लिए कमर कस ली थी कि एक दिन वह ज्योतिषी को झुठलाकर ही रहेगा, देखता हूँ कि ईश्वर ने मेरे भाग्य में शिक्षा क्यों नहीं लिखी? उसने अध्ययन की शुरुआत की। लोगों पर उसने ध्यान न दिया।

यही लड़का आगे चलकर संस्कृत का प्रकाण्ड पण्डित बना एवं पाणिनी

के नाम से जाना गया। संकल्प और विश्वास के धनी इस महापुरुष से हम सभी को प्रेरणा लेनी चाहिए।

जिस दिन आपने खुद पर विश्वास करना सीख लिया, उस दिन आप अपना जीवन मनचाही दिशा में ले जा सकते हैं। संसार में इतने सफल एवं महान् लोग हुए हैं, आपको क्या लगता है कि इन लोगों की उपलब्धियाँ संसार ने इन्हें उपहारस्वरूप दी थीं। नहीं! इन लोगों ने कठोर परिश्रम करके ही अपनी उपलब्धियाँ अर्जित की थीं। न जाने कितनी बार टूटे, कितनी ठोकरें खायी, समाज की उपेक्षा तक सहन की, पर विश्वास का दामन न छोड़ा। अन्ततः उन्होंने अपने उद्देश्य में कामयाब होकर ही दम लिया।

जब आप किसी लक्ष्य को लेकर प्रयास आरम्भ करते हैं, तब अकसर आपको अपने प्रयासों में असफलताएँ भी मिलती हैं। यही तो आपकी योग्यता, आपकी जिजीविषा की परीक्षा है। दरअसल लक्ष्यप्राप्ति के मार्ग में कुछ जटिलताएँ भी तो होती हैं और आपकी असफलताएँ उन्हीं जटिलताओं का परिणाम होती हैं। ऐसी जटिलताएँ ही आपको आपकी असफलता के माध्यम से खुद को समझने का अवसर प्रदान करती हैं। आप उनसे बहुत सीख सकते हैं, अपने लक्ष्य की बारीकियों के बारे में जान सकते हैं। बस आवश्यकता खुद पर अटूट विश्वास करने की और निराश न होने की है। यह कितने अफसोस की बात है कि हममें से कुछ लोग जब स्वयं को कठिनाइयों में पाते हैं, तो हम निराश हो जाते हैं। हमें समझना चाहिए कि हमारी परीक्षा का वक्त तो अब आया है, यही समय तो हमारी योग्यता का निर्धारण करेगा। कामयाबी के लिए जंग की शुरुआत तो अब हुई है।

एक बार एक अध्यापक Physics (भौतिक विज्ञान) पढ़ाते थे। उनके विद्यार्थियों में से एक विद्यार्थी ने खड़े होकर कहा – "सर! मैं इस विषय को खूब पढ़ना चाहता हूँ। पर जब कभी मैं किसी प्रश्न में मुश्किल महसूस करता हूँ, तो मेरा मन आगे पढ़ने को नहीं होता। मैं क्या करूँ?"

अध्यापक ने विद्यार्थी से पूछा – ''क्या तुम जानते हो कि भौतिक विज्ञान क्या है?

विद्यार्थी अकबकाकर रह गया, क्योंकि वह प्रारम्भ से ही इस विषय का विद्यार्थी रहा था और इस प्रकार के प्रश्न की उम्मीद उसे अपने अध्यापक से नहीं थी, दूसरे वर्तमान समय में भी वह भौतिक विज्ञान से स्नातक की पढ़ाई कर रहा था। उसने लड़खड़ाहट भरे स्वर में पूछा – "सर आप ही बताइए, क्या है भौतिक विज्ञान?"

अध्यापक ने जवाब दिया – "तुम कुछ प्रश्न हल कर रहे हो एवं बिना किसी समस्या के करते जा रहे हो। अचानक एक प्रश्न आता है, जिसमें तुम मुश्किल महसूस करते हो और अब आगे तुम्हारा पढ़ने में मन नहीं लगता, जबकि बेटे भौतिक विज्ञान की शुरुआत तो अब हुई है। तुम कितना भौतिक विज्ञान जानते हो और इस विषय को कितना पसन्द करते हो, इसका निर्धारण तो यही मुश्किल प्रश्न करेगा।"

''यदि तुम इस मुश्किल प्रश्न को छोड़ देते हो, तो तुम इस विषय से अपनी पढ़ाई तो किसी प्रकार पूर्ण कर सकते हो, लेकिन इस विषय की बारीकियाँ कभी नहीं सीख

सकते। जिसके कारण आगे चलकर किसी महत्त्वपूर्ण समय पर कोई बड़ी गलती भी करोगे और पछताओगे भी। मन में यह विश्वास लेकर कि मैं इस प्रश्न को अवश्य ही हल करूँगा, अपना वह सबकुछ लगा दो, जो तुमने अब तक Physics (भौतिक विज्ञान) में सीखा है, तो निःसन्देह तुम एक सितारे की तरह जगमगा उठोगे।''

ठीक यही सिद्धान्त हमारे जीवन के लिए भी कार्य करता है। कठिनाईयों में जब हम उनसे भागने का प्रयास कर रहे होते हैं, तो सबसे बड़ी भूल करते हैं। जब हम उनसे संघर्ष करने का निर्णय लेते हैं, तो दरअसल हम खुद को आन्तरिक रूप से मजबूत बना रहे होते हैं। **मनुष्य के अन्दर कठिनाइयों पर विजय प्राप्त करने की भावना उसके आत्मविश्वास से ही जन्म लेती है।** अन्ततः आपके द्वारा अर्जित यही विजय आपको जीवन जीने की कला का ज्ञान कराती है अर्थात् कैसी भी कठिनाई से आपको लड़ना सिखा देती है। ऐसी स्थिति में हम सफल ही नहीं होते बल्कि पूर्व से कहीं अधिक परिपक्व और मजबूत होते जाते हैं। इसलिए कामयाबी प्राप्त करने के लिए आपका आत्मविश्वासी होना आवश्यक है। आत्मविश्वास ही आपके कठिन समय में आगे बढ़ने का प्रेरणास्रोत है।

स्वामी विवेकानन्द का कथन है कि 'संसार के सभी महान् पुरुषों या महान् स्त्रियों के जीवन की सबसे बड़ी शक्ति यदि कोई है, तो वह है आत्मविश्वास। जन्म से ही यह विश्वास रहने के कारण कि हमने तो विजयी बनने के लिए ही जन्म लिया है, वे विजयी हुए।'

संसार में ऐसे एक दो नहीं, बल्कि हजारों उदाहरण मौजूद हैं कि साधारण से दिखने वाले व्यक्तियों ने भी अपने आत्मविश्वास के चलते असम्भव से दिखने वाले कार्य को भी सम्भव कर दिखाया।

आत्मविश्वास! आत्मविश्वास ही मनुष्य के जीवन की सबसे प्रबल शक्ति है। आत्मविश्वास का जन्म तब होता है जबकि अचानक ही हमें किसी चुनौती का सामना करना पड़ जाये और हम पूरे विश्वास के साथ आगे कदम बढ़ा सकें। क्या तुम नहीं जानते कि मनुष्य जीवन में अक्सर आकस्मिक विपदाओं का सामना करना पड़ जाता है? वास्तविक आत्मविश्वास की परिभाषा तो यही है जो तुमसे कहती है कि मैं तो वज्र से भी कठोर हूं, अविचलित हूं और संसार की किसी भी कठिनाई को तार-तार कर देने में सक्षम हूं। यह ठीक उसी प्रकार है जैसे किसी सागर को स्वयं पर पूरा विश्वास हो कि वह स्थिर रहेगा और तब भी नदियों को उसकी तरफ आना ही आना है।

प्रेरणा और आत्मविश्वास

किसी लक्ष्य को प्राप्त करने के लिए मनुष्य को किसी न किसी रूप में प्रेरणा की आवश्यकता अवश्य होती है। यह प्रेरणा बाह्य हो सकती है या आन्तरिक हो सकती है। बाह्य प्रेरणा आपको लक्ष्य का निर्धारण या प्राथमिकता तय करने में मददगार साबित होती है। जबकि आन्तरिक प्रेरणा लक्ष्यप्राप्ति के मार्ग में आने वाली कठिनाईयों से जूझने

और उन्हें विजित करने में सहायता करती है। विश्वास कीजिए, आपका खुद पर यह विश्वास कि मैं यह कार्य करने में सक्षम हूँ, आपके लिए आन्तरिक प्रेरणा का कार्य करता है। याद रखिए कठिनाइयों में आपको सहारा देने वाले कुछ लोग तो मिल सकते हैं, लेकिन उन्हें विजित करने का मार्ग आपको खुद तय करना पड़ेगा। विचार कीजिए यदि आपको स्वयं पर विश्वास नहीं है, तो ऐसी स्थिति में आप क्या करेंगे? तब कौन आपको सहारा देगा और क्यों देगा? यह सारा संसार एक भेड़चाल पर चलता है, उसके अपने स्वार्थ हैं और जिसमें अधिकतर लोगों के पास इतना समय न होने का बहाना है कि वे कुछ पल ठहरकर आपका सहयोग कर सकें।

A man who is self-motivated, is the best-motivated.

इसलिए मित्रों! खुद पर विश्वास करना सीखिए। यदि आपने किसी वस्तु को अपना लक्ष्य बना लिया है, तो निश्चित जानिए, आप ही उसे प्राप्त कर सकते हैं। आत्मविश्वास से बड़ी कोई दूसरी शक्ति इस संसार में नहीं है। बहुत से महान् लोग हमारे प्रेरणास्रोत हैं। उन सभी का जीवन-दर्शन या उनके जीवन के संघर्ष भी इस तथ्य की पुष्टि करते हैं कि आत्मविश्वास की शक्ति से तो इस संसार में कुछ भी सम्भव किया जा सकता है।

विचार कीजिए कि भारत के राष्ट्रपिता महात्मा गाँधी ने किस प्रकार देश को आजाद कराने में महत्त्वपूर्ण सहयोग दिया था। उन्होंने अहिंसा का रास्ता अपनाया था। यह कोई आवश्यक तो नहीं था कि अहिंसा की नीति कारगार ही साबित होती? पर क्योंकि उन्हें यह विश्वास था कि अहिंसा में बड़ी ताकत है और अन्त तक वह अपनी इसी नीति पर दृढ़ बने रहे। अन्ततः उनके विश्वास ने चमत्कार दिखलाया। क्या आप विश्वास कर सकते हैं कि यदि उन्होंने किसी अन्य नीति पर भी इसी प्रकार का विश्वास दिखाया होता, तो अन्ततः उसे भी कामयाब होना ही पड़ता, **क्योंकि यहाँ पर प्रधान तत्त्व तो महात्मा गाँधी का ''आत्मविश्वास'' ही होता, कोई नीति विशेष नहीं।**

याद रखो, यदि तुम्हारे पास कोई वस्तु है और तुम्हें विश्वास है कि यह अच्छी है तो उस पर दृढ़ बन जाओ। लोग कितना भी विरोध करें लेकिन तुम्हें वापस नहीं आना है। अपनी अच्छी वस्तुओं को समाज में दूसरों के सामने प्रतिष्ठित करने की सबसे महत्वपूर्ण जिम्मेदारी तुम्हारे ही कन्धों पर है। पर उसके लिए दृढ़ता आवश्यक है। सच तो यह है कि यदि तुम अपनी किसी भी वस्तु को लेकर स्थिर हो गये तो यह संसार इतना ही बेवकूफ है कि यह स्वयं तुम्हें स्वीकार कर लेगा। मेरे लिए ''तुम'' और यह ''संसार'' बेवकूफ हैं। तुम्हारे लिए ''मैं'' और यह ''संसार'' बेवकूफ हैं और इस संसार के लिए ''मैं'' और ''तुम'' हम दोनों ही बेवकूफ हैं। याद रखो, संसार में विरोध तो हमेशा रहा है लेकिन अच्छी मान्यताओं की स्थापना उनके स्थापकों के आत्मविश्वास से हुई है।

आत्मविश्वास की शक्ति का सहारा लेकर तो आप बड़े-बड़े कार्य कर सकते हैं। यह आपकी अपनी ही शक्ति है। इसका उपयोग अपनी प्रगति के लिए कीजिए। जीवन

तो सभी का कट ही जाता है, लेकिन कुछ लोग जीवन गुजारते हैं, जबकि कुछ लोग जीवन जीते हैं। जो लोग जीवन गुजारते हैं, वे अच्छी घटनाओं का अपने पक्ष में घटित होने का इन्तजार करते हैं। जबकि जो लोग वास्तव में जीवन को जीते हैं, वे मनचाही घटना को अपने पक्ष में घटित होने को मजबूर कर देते हैं या कठिन से कठिन समय का सामना करना उन्हें आता है। उन्हें खुद पर पूरा विश्वास होता है। अन्तत: वे वही लक्ष्य प्राप्त करते हैं, जो वे प्राप्त करना चाहते हैं।

जो लोग अच्छी घटनाओं का अपने पक्ष में घटित होने का इन्तजार करते हैं एवं कभी पहल नहीं करते, उन्हें वही सब मिलता है, जो आत्मविश्वासी लोग अपने संघर्ष के दौरान छोड़ देते हैं और कभी-कभी तो वह भी नहीं मिलता। अन्तत: यही चीजें उनकी निराशा का कारण बनती हैं।

क्या आपने कभी विचार किया है कि निराशा आपको क्या देती है?

- ◆ निराशा आपसे आपके स्वप्न छीन लेती है।
- ◆ निराशा या तो आपकी क्षमताएँ एक दायरे में सीमित कर देती हैं या उन्हें बिल्कुल ही समाप्त कर देती हैं।
- ◆ निराशा आपकी रचनात्मकता को डसती है और आपकी विचारशक्ति समाप्त कर देती है।
- ◆ निराशा आपको कुण्ठाग्रस्त करती है

आत्मविश्वास क्या करता है?

- ◆ कठिन से कठिन परिस्थिति में आगे बढ़ने की प्रेरणा देता है।
- ◆ आत्मविश्वास, साहस के साथ मिलकर आपमें सकारात्मक दृष्टिकोण का विकास करता है।
- ◆ आपको आपके महत्त्व का ज्ञान कराता है और आपकी सभी मानवीय शक्तियाँ उजागर करने में मदद करता है।
- ◆ यह आपका जीवन बदल सकता है।
- ◆ यह आपको पराजित नहीं, विजेता बनाने की क्षमता रखता है।
- ◆ आत्मविश्वासी लोग असफलताओं का सामना सहजता से करते हैं, क्योंकि वे जानते होते हैं **कि जिस कार्य में उन्होंने हाथ डाला है, उसे होना ही पड़ेगा।**
- ◆ आत्मविश्वासी व्यक्ति प्रत्यक्ष या अप्रत्यक्ष रूप से जीवन के प्रत्येक क्षेत्र में लाभान्वित होता है। सोचिए, किसी भी प्रकार की असफलता में आप निराश होना पसन्द करेंगे या खुद पर विश्वास रखते हुए आगे बढ़ना चाहेंगे। यह विश्वास भी किस पर? किसी अन्य पर नहीं। अपने-आप पर, अपनी आत्मा पर, जो भावना आपमें होनी भी चाहिए।

क्या अब आप कह सकते हैं? कि आत्मविश्वास से आप उन कार्यों को भी सम्भव कर सकते हैं, जिनके बारे में आपने पहले कभी नहीं सोचा।

अब क्या आप सहमत हैं कि आत्मविश्वास आपके जीवन को एक नयी पहचान, एक नयी दिशा देने में महत्त्वपूर्ण भूमिका निभा सकता है?

◆ मध्यमवर्गीय परिवार से सम्बन्ध रखने वाले जवागल श्रीनाथ भारतीय क्रिकेट टीम के एक लम्बे समय तक स्ट्राइकर गेंदबाज बने रहे। जब अपने पहले रणजी ट्राफी मैच में उन्होंने लगातार तीन विकेट लेकर हैट्रिक बनायी थी, तो चन्द्रशेखर और गुण्डप्पा विश्वनाथ ने उनसे कहा कि तुम अच्छे हो, अच्छा कर सकते हो। इतने बड़े खिलाड़ियों से अपने बारे में ऐसे शब्द सुनकर श्रीनाथ का आत्मविश्वास जाग उठा। खुद जवागल श्रीनाथ ने अपने एक इण्टरव्यू में इस घटना के बारे में कहा। अन्ततः वह भारतीय टीम में प्रमुख तेज गेंदबाज बनकर खेले।

◆ जॉन मैकनरो (यू.एस.ए.) और इवान लेण्डल (चेक गणराज्य) दोनों समकालीन महान् टेनिस खिलाड़ी थे। दोनों की प्रतिद्वन्द्विता विश्वविख्यात है। इवान लेण्डल को जॉन मैकनरो की अपेक्षा अधिक प्रतिभाशाली खिलाड़ी माना जाता था। लेकिन एक तरफ जहाँ मैकनरो ने अपने आत्मविश्वास और दृढ़ता के कारण चारों ग्रैण्ड स्लैम टूर्नामेण्ट जीते, वहीं लेण्डल कभी भी विम्बलडन का खिताब नहीं जीत पाये। हर बार वह मैकनरो से फाइनल में पराजित हुए।

◆ जैनिफर कैप्रियाती के उदय के बाद उसे अमेरिका की सर्वाधिक प्रतिभाशाली (टेलेण्टिड) टेनिस खिलाड़ी माना गया। लेकिन आत्मविश्वास की कमी के कारण वह अपने दस वर्षों के टेनिस कैरियर में मात्र 3 या 4 बार ही ग्रैण्ड स्लैम टूर्नामेण्ट जीत पायीं।

तो मित्रों! यदि आप आत्मविश्वास की शक्ति का महत्त्व समझ चुके हैं, तो निराशा के अन्धेरों में न भटककर आज से ही अपने अन्दर विश्वास पैदा कीजिए। क्षमताएँ आप में है, लेकिन जब तक आप इस बात को स्वीकार नहीं करेंगे, तब तक वे सुप्त अवस्था में ही रहेंगी। आपका जीवन मूल्यवान है, आप मूल्यवान हैं। पृथ्वी पर आपका अस्तित्व मात्र होना कोई साधारण घटना नहीं है। अपने महत्त्व को पहचानते हुए आज से, अभी से कार्य करना प्रारम्भ कीजिए। इस विश्वास के साथ कि आप क्षमतावान हैं, शक्तियाँ आपके पास भी हैं और आपका जन्म एक कामयाब जीवन का आनन्द भोगने के लिए हुआ है।

आपका आत्मविश्वास आपको जीवन के किसी भी क्षेत्र में कामयाबी दिलाने में सक्षम है। कुछ लोगों ने तो आत्मविश्वास के बल पर सफलता की ऐसी अट्टालिकाओं को स्पर्श किया है कि उनके कार्य उन्हें महान् बना गये। आप क्या अपना जीवन भी कामयाब नहीं बना सकते?

इस संसार में सिर्फ एक ही बात असम्भव है कि एक ऐसा व्यक्ति जो आत्मविश्वास से परिपूर्ण है, उसे किसी भी प्रकार निराश किया जा सके और अन्तत: उसे कामयाब होने से रोका जा सके। आत्मविश्वासी व्यक्ति से तो निराशा स्वयं ही घबराती है। ईश्वर ने आपको सभी कुछ तो प्रदान किया है, तब आप ही विचार कीजिए कि खुद पर विश्वास न करने का कोई कारण शेष बचता है क्या? समय अभी है। निराशा का दामन त्याग दीजिए और आत्मविश्वास का सहारा लेकर प्रयासों की सीढ़ी तैयार कीजिए और तब आप देखेंगे कि कामयाबी की मंजिल आपको मिलकर रहेगी।

संसार की सभी भौतिक चीजों का निर्माण मानव ने ही किया है। इन्हीं भौतिक चीजों को मानव अपना लक्ष्य बनाता है और यदि मानव ही इन्हें प्राप्त न कर सके, तो यह कैसा विरोधाभास है? बस यही तो असम्भव है।

यदि आप कुछ नया, कुछ अलग, कुछ हटकर करना चाहते हैं, तब भी रास्ते तो सदैव खुले थे, खुले हैं और खुले ही रहेंगे। हाँ रास्तों को तय तो हमें ही करना पड़ेगा। उनके स्वयं तय होने का कोई उपाय नहीं है। यदि आप चाहें तो आपका आत्मविश्वास एक भरोसेमन्द साथी के रूप में सदैव आपके साथ मिलेगा। क्या आपने एक महान् सेनानायक नेपोलियन बोनापार्ट का नाम सुना है? उनके अनुसार तो संसार में कुछ भी असम्भव नहीं है। 'असम्भव' नाम का शब्द तो मूर्खों के शब्दकोश में होता है। मैं तो उनसे सहमत हूँ, पर क्या आप सहमत हैं? यदि नहीं तो आपको सहमत होना ही चाहिए, क्योंकि सत्य यही है कि अपनी क्षमताओं पर भरोसा रखने वाले व्यक्ति के लिए संसार में कुछ भी असम्भव नहीं है।

तुम ये जो अपना पतन होते देख रहे हो, यह सिर्फ धोखा है क्योंकि तुम नहीं जानते कि तुम्हारी कमजोरियां ही तुम्हारी सबसे बड़ी ताकत बन सकती हैं। सत्य तो सिर्फ यह है कि तुम्हारा जन्म इस संसार में एक कामयाब जीवन का वाहक बनने के लिए ही हुआ है। अब तुम इसे स्वीकार न करो तो इसमें दोष तुम्हारा है। तुम सदैव अपनी किस्मत का रोना रोकर अपनी दुर्गति में संतुष्ट हो जाते हो। सोचो कितने नादान हो तुम, अपनी ही शक्तियों को किस्मत रूपी आवरण पहनाकर उन्हें बाहर आने से रोक देते हो। ऐसा तुम केवल इसलिए करते हो क्योंकि निराशा रूपी कवच ने तुम्हारे मन को इस प्रकार कैद कर रखा है कि तुम यह मानने को तैयार ही नहीं हो कि किस्मत कभी तुम्हारा निर्माण नहीं करती, किस्मत का निर्माण तो तुम स्वयं करते हो। क्या तुम विश्वास कर सकते हो कि ऐसा करके तो तुम स्वयं के प्रति एवं मानवता के प्रति एक बड़ा अपराध करते हो। तुम्हारी दुर्दशा का कारण तुम्हारी अयोग्यता नहीं, तुम्हारी अज्ञानता है। शक्तियां! तुम्हारी अपनी शक्तियां! तुम उन्हीं पर विश्वास करने को तैयार नहीं? सोचो! क्या इससे अधिक शर्मनाक कुछ और हो सकता है?

क्या आपने कभी किसी महावत को हाथी ले जाते देखा है? क्या आप नहीं जानते कि यदि हाथी को अपनी शक्ति का एहसास हो जाये, तो क्या वह महावत के वश में हो सकेगा? बस यही रहस्य तो आप भुलाये बैठे हैं।

कल्पना करें कि यदि एक छोटे से खूँटें से बँधे किसी हाथी को अपनी शक्ति का ज्ञान हो जाये, तो वह क्या करेगा?

कैसे होते हैं- आत्मविश्वासी लोग

यहाँ पर आत्मविश्वासी लोगों की कुछ विशेषताएँ दी जा रही हैं। इनके माध्यम से आप अपनी कमियों और अच्छाइयों का ज्ञान कर सकते हैं। जो अच्छी एवं लाभदायक बातें आप अपने चरित्र में नहीं पाते, तो आप उनका विकास कर सकते हैं। आप अपनी कमजोरियों पर विजय प्राप्त कर सकते हैं अर्थात् उनका सुधार कर सकते हैं। पर यह सुधार इस तथ्य पर निर्भर करता है कि क्या आप वास्तव में स्वयं को बदलना चाहते हैं?

इनका तात्पर्य यह बिल्कुल भी नहीं है कि आप इनके माध्यम से अपने अच्छे या बुरे होने का, दुर्बल या सबल होने का निर्णय करें। और फिर यह भी तो निश्चित रूप से नहीं कहा जा सकता कि किसी इनसान के अन्दर सभी अच्छाइयाँ ही भरी पड़ी हों। हाँ कुछ अच्छी बातें या विशेषताएँ सामान्य स्तर पर आत्मविश्वासी लोगों में देखी जाती हैं।

1. **ऐसे लोग सहजता से अपनी भूल स्वीकार करते हैं** - मनुष्य को गलतियों का पुतला कहा जाता है और यह सच भी है। गलतियाँ तो किसी से भी हो सकती हैं और होती भी हैं। पर आत्मविश्वासी लोग अपनी भूल को सहजता से स्वीकार करते हैं, जबकि अन्य सभी के बारे में ऐसा नहीं कहा जा सकता।

   यह तो सर्वविदित है, स्वाभाविक है कि मनुष्य में किसी दूसरे की सुरक्षा से पूर्व आत्मसुरक्षा का भाव होता है। दरअसल जो लोग अपनी भूल स्वीकार करने से घबराते हैं, उन्हें बिना किसी कारण के इस बात का सदैव डर बना रहता है कि कहीं सामने वाला उन पर dominate (हावी) न हो जाये अर्थात् उन्हें स्वयं पर विश्वास नहीं होता।

2. **न तो ये लोग अकारण किसी की आलोचना करते हैं और न ही अपनी आलोचना से घबराते हैं** - ऐसे लोगों की यह खास विशेषता होती है। यदि वे कोई कार्य करना चाहते हैं और जानते हैं कि यह सही है। इस स्थिति में यदि दूसरे लोग इनकी आलोचना करते हैं, तो भी इन्हें कोई फर्क नहीं पड़ता। इनकी प्राथमिकता सिर्फ कर्म करना होता है। आलोचना का स्तर चाहे कोई भी हो, उदाहरण के लिए,

   अ. कार्य कठिन है, इसलिए लोग समझाते हैं कि इससे बेहतर तो तुम यह कर सकते हो। इन लोगों में भी दो वर्ग के लोग होते हैं।

1. जो वास्तव में आपके शुभचिन्तक हैं।
2. अधिकता उन लोगों की होती है, जो यह दिखाते हैं कि वे आपके शुभचिन्तक हैं, जबकि इनका उद्देश्य कुछ और ही होता है।

फिलहाल इन्हें दोनों ही स्थितियों में कोई फर्क नहीं पड़ता। यदि कार्य सही है और इन्हें करना है, तो यह करेंगे।

ब. जब इन्हें अपने प्रयासों में असफलताएँ मिलती हैं।

इस स्थिति में भी इन लोगों को (1) और (2) से भयंकर रूप से आलोचनाओं का सामना करना पड़ता है। पर क्योंकि ये जानते होते हैं कि कौन इनका शुभचिन्तक है और कौन नहीं। इसलिए (1) की आलोचनाओं के प्रति ये तटस्थ रहते हैं वास्तव में (1) की आलोचना सकारात्मक होती है। जबकि (2) की आलोचनाएँ पर ये ध्यान भी नहीं देते। निष्कर्ष यह है कि ये लोग पलटकर पीछे नहीं देखते।

दूसरे ये लोग बिना किसी कारण किसी व्यक्ति की आलोचना करना पसन्द नहीं करते या दूसरे शब्दों में इनके पास इतना समय ही नहीं होता कि किसी दूसरे व्यक्ति की बुराइयों की चर्चा करके या किसी अन्य रूप में आलोचना करके ये अपना समय बर्बाद करें।

3. **जिम्मेदार होते हैं** – ये लोग अपने ऊपर ऐसी कोई जिम्मेदारी नहीं लेते जिसके बारे में ये पहले से ही जानते हैं कि वे इसे नहीं निभा पायेंगे। पर यदि इन्होंने आपके किसी कार्य की जिम्मेदारी अपने कन्धों पर ले ली है, तो आप निश्चिन्त हो जाइए, अब यह आपका कार्य नहीं, इनका कार्य हो चुका है।

4. **ये लोग जुझारू प्रवृत्ति के होते हैं** – असफलताएँ इन्हें निराश नहीं कर पातीं, क्योंकि कठिन से कठिन समय में इनका आत्मविश्वास इनका सहारा बनता है। इन्हें अपनी सफलता पर कोई सन्देह नहीं होता। यही कारण है कि ये लोग जुझारू प्रवृत्ति के होते हैं।

5. **कार्य के प्रति निष्ठावान** – ये बेगार करने में नहीं, सही ढंग से कार्य करने में विश्वास रखते हैं। यदि व्यक्ति को विश्वास हो जाये कि अमुक कार्य से उसे लाभ होने वाला है, तो यह स्वाभाविक है कि वह उस कार्य को सही ढंग से करने का पूर्ण प्रयास करेगा।

इन लोगों का आत्मविश्वास ही इस तथ्य को बल प्रदान करता है कि इन्हें अमुक कार्य से लाभ होना ही है।

6. **सकारात्मक दृष्टिकोण** – इनका आत्मविश्वास, साहस के साथ मिलकर इनके दृष्टिकोण को सकारात्मकता प्रदान करता है अर्थात् ये विपरीत परिस्थिति में भी आगे बढ़ने का कोई मार्ग खोज लेते हैं।

7. सामान्यतया आत्मविश्वासी लोग विनम्र स्वभाव के होते हैं। ऐसा तो नहीं कहा जा सकता कि इन्हें कभी क्रोध नहीं आता, लेकिन स्वभाव से ये विनम्र ही होते हैं। हाँ इनके क्रोध का कोई भी उचित कारण हो सकता है, जिसे शायद यही समझ पाते हों।

8. ये ईमानदार होते हैं। खुद के प्रति, दूसरों के प्रति, सामाजिक व्यवहार में और अपने कर्म के प्रति इनकी ईमानदारी आश्चर्यजनक होती है।

9. दूसरों की कामयाबी पर या जो व्यक्ति प्रशंसा का अधिकारी है, ये लोग दिल खोलकर प्रशंसा करते हैं। मनुष्य दूसरों की प्रशंसा करने में कंजूसी तब कर जाता है, जबकि या तो उसका स्वभाव ईर्ष्यालु हो या उसे अपनी खुद की कामयाबी पर सन्देह हो।

   दूसरा वर्ग उन लोगों का है, जो लोग जीवन में पहले से ही सफल हैं और आत्मविश्वास से परिपूर्ण हैं। ऐसे लोग भी सही समय पर सही व्यक्ति की प्रशंसा करने से नहीं चूकते। क्योंकि वे जानते होते हैं कि सामने वाले की सफलता का क्या मूल्य है? क्योंकि इन्हीं सीढ़ियों पर चढ़कर वे वहाँ तक पहुँचे हैं। वहीं जिन लोगों ने किसी अनुचित साधन का प्रयोग करके स्वयं को सफल बनाया है, उनके बारे में कुछ भी निश्चित नहीं कहा जा सकता। उनके सन्दर्भ में तो यह भी निश्चित नहीं है कि उनमें आत्मविश्वास है भी या नहीं।

10. इनका जीवन खुली किताब होता है, जिसे आप आराम से पढ़ सकते हैं। आप इन पर पूरा विश्वास कर सकते हैं।

11. छोटी-छोटी बातें इन्हें परेशान नहीं कर सकतीं। यही कारण है कि इन्हें गुस्सा कम आता है।

12. इन्हें इनके मूल्यों से डिगाना सम्भव नहीं होता।

13. अपनी विश्वसनीयता बनाये रखने के लिए ये छोटे-मोटे नुकसान भी सहजता से सहन कर लेते हैं।

14. ये सभी को खुश करने का प्रयास कभी नहीं करते। अपनी बात को दृढ़ता से कहने का साहस रखते हैं। यदि प्रश्न मूल्यों का है, तो ये दूसरों की बिल्कुल भी परवाह नहीं करते।

15. कभी-कभी आत्मविश्वासी लोग भी अपने सामान्य व्यवहार से विपरीत व्यवहार करते हैं, लेकिन निश्चित रूप से इसके कुछ उचित कारण होते हैं। यह हो सकता है कि उन कारणों को सिर्फ यही समझ सकें।

आत्मविश्वास कैसे बढ़ायें?

यदि आपको अनुभव होता है कि आपमें आत्मविश्वास की कमी है, तो आप अपने अन्दर इस शक्ति का विकास कर सकते हैं। आवश्यकता सिर्फ बातों पर अमल करने की है, उन्हें पढ़कर भूल जाने की नहीं। आप सभी इन बातों को जानते हैं, लेकिन इनके लाभ या हानि न जानने के कारण आपमें से कुछ लोग इन पर ध्यान नहीं देते।

1. अपना महत्त्व स्वीकार कीजिए

यदि मनुष्य को खुद के महत्त्वपूर्ण होने का एहसास हो जाये, तो वह संसार का कोई

भी कार्य कर सकता है। यदि आप ऐसा नहीं सोचते कि आप महत्त्वपूर्ण हैं, तो भी आपके हाथ कार्य करेंगे, कदम आगे बढ़ेंगे, मस्तिष्क भी कुछ विचार तो करेगा ही अर्थात् शरीर के सभी अंग कार्य करेंगे, लेकिन आपके कार्य आपके आत्मविश्वास से प्रेरित हों, इसमें सन्देह है। स्वयं को महत्त्वपूर्ण समझना आत्मविश्वास का बड़ा स्रोत है।

मैं पूरे विश्वास के साथ कह सकता हूं कि तुममें से अधिकांश लोग इस बात पर सहमत नहीं हो तुम स्वयं को महत्वपूर्ण नहीं मानते हो लेकिन इसका परीक्षण किया जा सकता है।

यदि तुम्हें अपने जन्म का, पृथ्वी पर अपने अस्तित्व का गौरव है और यदि यही गौरव तुम्हें कुछ नया, कुछ बड़ा करने की प्रेरणा भी देता है। तब तुम कह सकते हो कि तुम स्वयं को महत्वपूर्ण मानते हो। खुद को महत्वपूर्ण समझना एक ऐसा सूक्ष्म भाव है जो तुम्हें संसार में दूसरों का सम्मान करना, उनकी उपलब्धियों से प्रभावित होकर उनके आगे-पीछे घूमना नहीं, और खुद अपने व्यक्तित्व को दूसरों के सामने मजबूती से पेश करना सिखा देता है। तुम जैसे भी हो, जो भी हो, जहां से आये हो, जो भी तुम्हारी पृष्ठभूमि है, तुम्हारे लिए बस वही महत्वपूर्ण है। अपने व्यक्तित्व को प्रभावशाली साबित करने के लिए तुममें से कुछ लोग जब झूठ और दिखावे का सहारा लेते हैं तो दरअसल उसी पल तुम मजबूती को त्यागकर कमजोरी का मार्ग पकड़ लेते हो।

किसी भी सफल व्यक्ति के अंग आपके अंगों से अधिक कार्य नहीं करते। वे वही सबकुछ करते हैं, जो आप भी करते हैं। अन्तर सिर्फ इतना है कि वे स्वयं के महत्त्व को समझते हैं और इसलिए आत्मविश्वासी होते हैं।

यदि आप स्वयं को महत्त्वपूर्ण समझते हैं:

1. आपमें महत्त्वपूर्ण कार्य करने की इच्छा जागृत होगी।
2. यदि आपको अपने मूल्य का ज्ञान है, तो आपको खुद पर विश्वास भी है। आप अपने जीवन में अभी तक कितने भी नाकामयाब क्यों न हों, पर आप मूल्यवान हैं। **सच तो यह है कि पृथ्वी पर आपका अस्तित्व ही एक महान् घटना है।** बस इस बात को समझने और इसे अपने अन्तर्मन से महसूस करने की आवश्यकता है।
3. **महत्त्वपूर्ण लोगों के साथ घटी घटनाएँ भी महत्त्वपूर्ण होती हैं** अर्थात् ऐसे लोग अपने जीवन में घटी अच्छी या बुरी सभी घटनाओं के गम्भीर विश्लेषक होते हैं। घटनाओं का यह विश्लेषण उन्हें इतना सिखा देता है, जितना कई पुस्तकें भी मिलकर नहीं सिखा सकतीं।

यदि आप स्वयं को महत्त्वपूर्ण नहीं समझते हैं:

1. आप जीवन गुजारते हैं, उसे जीने का प्रयास नहीं करते।
2. जितना कम या अधिक आपको मिल जाता है, आप उसी में सन्तुष्ट हैं।

3. आत्मसन्तुष्टि एवं इस प्रकार की सन्तुष्टि में बहुत बड़ा अन्तर है। आप सन्तुष्ट इसलिए नहीं हैं, क्योंकि आपको कुछ अच्छा या बड़ा प्राप्त करने की अभिलाषा नहीं है। आप सन्तुष्ट इसलिए हैं, क्योंकि आप इससे अधिक सोच ही नहीं सकते।

4. मूल्यहीन व्यक्ति इस प्रकार कभी विचार कर ही नहीं सकता कि उसे अमुक अच्छा या बड़ा कार्य करना ही चाहिए, जो खुद उसके साथ-साथ दूसरों के लिए भी उपयोगी हो। बहुत से लोग ऐसे भी होते है, जो स्वयं को महत्त्वपूर्ण भी बताते हैं, आत्मविश्वासी बताते हैं और दूसरी कई विशेषताएँ स्वयं के अन्दर बताते देखे जाते हैं। वे सदैव बड़ी-बड़ी बातें करते हैं, लेकिन कार्य कभी नहीं करते। दरअसल ऐसे लोग दिखावा करने के शौकीन होते हैं एवं दुर्भाग्य की बात तो यह है कि वे एक झूठे आवरण से घिरे होने के कारण सच्चाई से वंचित रह जाते हैं और भविष्य में नुकसान उठाते हैं। सच तो यह है कि मानवीय विशेषताएँ मनुष्य के अन्तःकरण से जन्म लेती हैं और उसके चरित्र में समाहित हो जाती हैं। उसके कार्य एवं उसके कार्य करने का ढंग या वह किस तरह विचार करता है? ये सारी बातें उसकी विशेषताओं के बारे में खुद ही कहती चली जाती हैं। इसके लिए उसे किसी से कहने की या कोई अतिरिक्त कार्य करने की आवश्यकता नहीं होती। उस व्यक्ति का चरित्र, उसके हाव-भाव स्वयं बोलते हैं।

इसलिए मित्रों! मन से यह स्वीकार कर लीजिए कि आप महत्त्वपूर्ण हैं। आपकी यह भावना आपमें आत्मविश्वास जगायेगी, आपको कार्य करने की प्रेरणा देगी और आप देखते हैं कि आपका विश्वास स्वयं पर बढ़ता ही जाता है।

यह किस प्रकार कार्य करता है?

वह स्वयं को श्रेष्ठ मानता है, इसका तात्पर्य यह नहीं है कि वह श्रेष्ठ है ही। यह उसके द्वारा खुद अपने बारे में सोचने की बात है, जिसका अनुचित दिखावा करने से वह सदैव बचता है। लेकिन ऐसा विचार करने पर उसे लाभ इसलिए होता है, क्योंकि वह दूसरों की आलोचनाओं पर अधिक ध्यान न देकर अपना कार्य सरलता से कर सकता है। वह नहीं जानता कि वह श्रेष्ठ है या नहीं, और यह महत्त्वपूर्ण भी नहीं है, पर क्योंकि वह ऐसा मानता है इसलिए उसे खुद पर विश्वास भी है। यही कारण है कि आज नहीं तो कल उसकी कामयाबी निश्चित है।

2. कठोर परिश्रम आत्मविश्वास का जनक

मान लीजिए आप कोई कार्य कर रहे हैं। आपको उस कार्य से अपनी लक्ष्यप्राप्ति पर भरोसा भी है। अचानक कुछ समय के लिए किसी कारणवश आपको कार्य बीच में छोड़ देना पड़ा। आपने अवश्य महसूस किया होगा कि उसी कार्य को पुनः प्रारम्भ करने में आपको परेशानी होती है, आपका विश्वास भी टूटा हुआ प्रतीत होता है। लेकिन जैसे-जैसे आप उस कार्य में परिश्रम करते जाते हैं, उसमें डूबते जाते हैं, आपका आत्मविश्वास वापस आने लगता है।

क्या आप विश्वास कर सकते हैं?

1. अकर्मण्यता हमारे अधिकांश दु:खों की जड़ है।
2. कठोर परिश्रम करके हम खुद में विश्वास जागृत कर सकते हैं।
3. जब तक हम कर्म ही नहीं करते, तब तक हमें यह विचार करने की प्रेरणा कौन देगा कि हम अपना लक्ष्य प्राप्त कर सकते हैं?

आप आज ही एक प्रयोग करके देखिए, यदि किसी कार्य विशेष को करने में आप अपना मन नहीं लगा पा रहे हैं, तो आप केवल 5-10 दिनों तक किसी प्रकार खुद पर नियन्त्रण करके उस कार्य को कीजिए। इसके बाद आप स्वयं ही कह उठेंगे कि अब तो यह कार्य मैं समाप्त करके ही रुकूँगा। बस आवश्यकता पहल करने की है। कठोर परिश्रम नि:सन्देह आपमें आत्मविश्वास का सृजन करेगा।

यह किस प्रकार कार्य करता है?

1. क्या आप कुछ ऐसे लोगों को जानते हैं, जिनसे यदि कहा जाये कि तुम अमुक कार्य कर सकते हो क्या? और वे तुरन्त जवाब देते हैं - "हाँ! क्यों नहीं!" अन्तत: वे वैसा कर भी दिखाते हैं। विचार कीजिए, न तो उस व्यक्ति ने वह कार्य पहले कभी किया है और न ही उसे अचानक ही आपसे ऐसे शब्दों की अपेक्षा थी, पर फिर भी वह "हाँ" क्यों कह देता है?

   दरअसल वे कार्य के बारे में सोचते ही कहाँ हैं? वे तो सिर्फ इतना जानते होते हैं कि कोई भी चुनौती सामने आने पर आवश्यक परिश्रम वे कर सकेंगे। बस उनका यही विश्वास उनमें आत्मविश्वास का सृजन करता है।

2. क्या आपने कभी खरगोश और कछुए के मध्य दौड़ की कहानी सुनी है? कछुआ खरगोश से शर्त लगाता है कि मंजिल तक वह उससे पहले पहुँचेगा। अन्तत: कछुआ जीत भी जाता है।

   ➢ **प्रश्न यह नहीं है कि खरगोश क्यों हारा?**

   ➢ **विचार कीजिए कछुआ क्यों जीता?**

3. अपनी भूल स्वीकार करना सीखिए

जब कभी आप कोई भूल कर जाते हैं और कोई दूसरा व्यक्ति आपको आपकी भूल का एहसास कराता है, तो उस समय आपके पास दो रास्ते होते हैं।

1. उसे सहजता से स्वीकार कर लीजिए।
2. उसे छिपाने का प्रयास कीजिए और स्पष्ट इनकार कर दीजिए कि आपने ऐसा नहीं किया है।

आप विचार कीजिए कि अपनी भूल को उसी समय ईमानदारी से स्वीकार करके अपने मस्तिष्क को निरर्थक विचार करने से बचाकर, घटना को वहीं पर समाप्त करना चाहेंगे।

या आप उन उपायों की तलाश करेंगे, जो आपकी भूल को छिपा सकें। ऐसे उपाय जिनका आपकी प्रगति से कोई लेना-देना नहीं है और न ही जिनसे आपको कोई लाभ होने वाला है सिवाय इसके कि आप अपने मस्तिष्क को व्यर्थ की बातें सोचने पर मजबूर कर देंगें।

मानव-मस्तिष्क अत्यन्त संवेदनशील होता है। उस पर अतिरिक्त एवं अनावश्यक दबाव डालने से बचिए। ऐसे बहुत से लोग देखे जाते हैं, जो एक झूठ छिपाने के लिए दूसरा झूठ, दूसरा झूठ छिपाने को तीसरा झूठ ....

क्या आप ऐसे किसी व्यक्ति को जानते हैं?

यदि हाँ, तो निश्चित रूप से आप यह भी जानते हैं कि उसने खुद को बहुत नुकसान पहुँचाया है।

यद्यपि भूल स्वीकार करना आत्मविश्वासी लोगों का एक प्रमुख गुण होता है, लेकिन इसके विपरीत भी यदि आप इस सिद्धान्त का उपयोग करते हैं, तो आप अपने आत्मविश्वास में वृद्धि कर सकते हैं।

यह किस प्रकार कार्य करता है?

दरअसल जब आप अपनी भूल स्वीकार करते हैं, तो आप सामने वाले को इस बात की गारण्टी दे रहे होते हैं कि जो कार्य आपसे हुआ है, वह वास्तव में गलत है। ऐसी स्थिति में आपकी यह भूल स्वीकारोक्ति आपको दुबारा उस कार्य को न दोहराने की प्रेरणा देती है और यही प्रेरणा आपमें आत्मविश्वास का सृजन करती है।

पर याद रखिए, भूल की स्वीकारोक्ति भी दो प्रकार की होती है-

1. आप वास्तव में उसे हृदय से अनुभव करते हैं।
2. आप केवल मुख से बोल देते हैं।

एक लड़का एक रोज खेल रहा था। उसकी गलती यह हुई थी कि वह एक छोटी-सी बच्ची जो फल बेच रही थी, से टकरा गया। परिणामस्वरूप बच्ची के सारे फल बिखर गये। वह रोने लगी। बच्ची का रोना लड़के से नहीं देखा गया। उसे अपनी भूल का एहसास हुआ। अन्ततः वह लड़का बच्ची को अपने घर ले गया और उसने उसके नुकसान की भरपाई आने वाले कुछ दिनों की अपनी पॉकेट मनी, उसे अपनी माँ से दिलाकर की।

संसार आज उस लड़के को महान् सेनानायक नेपोलियन बोनापॉर्ट के नाम से जानता है।

अपनी भूल को स्वीकार कर लेना, यह एक असाधारण बात है। यह दरशाता है कि आपमें आत्मविश्वास भी है एवं साहस भी। इस कला का विकास व्यक्ति में धीरे-धीरे एवं अनुभव हासिल करने के बाद निश्चित रूप से हो जाना चाहिए। इसके लाभ और हानि वही लोग जानते होते हैं, जिन्हें यह कला आती है।

4. अनुशासन जनक है आत्मविश्वास का

अनुशासन न केवल आपके व्यक्तित्व को सँवारता है, बल्कि आपमें आत्मविश्वास का सृजन भी करता है। आप किसी लक्ष्य की प्राप्ति के लिए प्रयासरत हैं। पर यदि आपका परिश्रम अनुशासित नहीं है, तो आपके असफल होने की सम्भावनाएँ लगातार बनी रहती हैं। इसलिए कामयाबी प्राप्त करने के लिए आपके परिश्रम का अनुशासित होना एक आवश्यक शर्त है।

यह किस प्रकार कार्य करता है?

1. दरअसल जब आप अपना कार्य अनुशासित ढंग से कर रहे होते हैं, तो आपकी निगाहें स्वाभाविक रूप से सदैव लक्ष्य की ओर लगी रहती हैं। आप जानते होते हैं कि कोई कार्य-विशेष यदि आप कर रहे हैं, तो क्यों कर रहे हैं?
2. अनुशासन आपको आपके कुछ होने का अहसास कराता है। परिणामस्वरूप आपका विश्वास खुद पर बढ़ता ही जाता है।
3. यदि आप जीवन के स्वाभाविक कर्मों एवं रोजमर्रा के स्वयं निर्मित उद्देश्यों को अनुशासित ढंग से करना सीख लेते हैं, तो आपको प्रत्येक छोटे-छोटे कार्य के मूल्य के साथ-साथ समय के महत्त्व की जानकारी होती है।
4. अनुशासन आत्मनियन्त्रण को बढ़ावा देता है और आत्मनियन्त्रण आत्मविश्वास को।

5. सही समय पर सही कार्य

देखा जाये, तो सही समय पर सही कार्य करना एवं अनुशासित ढंग से कार्य करना दोनों ही बातें समान हैं। पर अनुशासन की जननी व्यक्ति की दृढ़ इच्छाशक्ति है। वही सही समय पर सही कार्य करने की भावना व्यक्ति की लगन एवं प्रतिबद्धता को दरशाती है। फिलहाल आपका यह व्यवहार भी आपके आत्मविश्वास को लगातार बनाये रखता है।

यह किस प्रकार कार्य करता है?

सही समय पर सही कार्य करने से आप पर काम का दबाव कभी नहीं बन पाता और आप प्रत्येक नये कार्य के लिए जोश एवं उत्साह से भरे रहते हैं।

6. अपनी रुचियों को समय दीजिए

आज का युग पहले की तरह नहीं रहा है। अब इनसान का जीवन बहुत तेज हो चला है। चारों तरफ कामयाबी हासिल करने के लिए, बड़ी प्रतिद्वन्द्विता है, भागम-भाग मची हुई है। यहाँ तक कि हममें से बहुत से लोग कार्य के दबाव के चलते वे कार्य तक नहीं कर पाते, जो हमें आत्मसन्तुष्टि का एहसास देते हैं। पर प्रत्येक व्यक्ति को कुछ समय अपनी रुचियों के लिए अवश्य निकालना चाहिए। ऐसा करने से व्यक्ति में उत्साह सदैव बना रहता है।

यह किस प्रकार कार्य करता है?

प्रसन्नता प्राप्त करने के अवसर रोज-रोज नहीं आते, बनाये जाते हैं। कुछ लोग अपने जीवन की छोटी-छोटी सुखद घटनाओं पर भी खुश होना जानते हैं। आप ध्यान दीजिए, आपको ऐसे जितने भी लोग मिलेंगे, वे सभी आत्मविश्वास से परिपूर्ण होंगे। कुछ लोग यह कहते नहीं थकते कि जब मैं अमुक सफलता हासिल कर लूँगा, तो अपने मन के खूब कार्य करूँगा। आप थोड़ा-सा समय अपने मन के कार्यों के लिए अभी से निकालिए, आप कामयाबी भी हासिल कर सकेंगे।

7. अपना माहौल स्वयं बनाइए

आप जिस जगह पर रहते हैं, जिन लोगों के मध्य रहते हैं या जिन लोगों से प्रतिदिन मिलते हैं, ये सभी चीजें मिलकर आपके वातावरण का निर्माण करती हैं। कोशिश कीजिए कि आपके आस-पास का वातावरण खुशहाल बना रहे अर्थात् आप अपने जीवन में कामयाब हों या नाकामयाब, लेकिन जितने भी लोग आपसे मिलें, आपको जानें। वे सभी आपको एक अच्छे और जिम्मेदार नागरिक के रूप में देखें। वे आपकी प्रशंसा करें अर्थात् सभी के प्रति आपको उत्तम व्यवहार करना चाहिए और यह तो हम सभी कर सकते हैं। लोग आपको पसन्द करें और आप लोगों को पसन्द करें, यह बड़ी बात है। कभी किसी का दिल मत दुखाइए। यह आपको जीना सिखा देगा।

यह किस प्रकार कार्य करता है?

आत्मविश्वास की शक्ति आसमान से उतरकर आपके अन्दर नहीं आती। इसका विकास आप इसी समाज के मध्य रहकर करते हैं। जब दूसरे लोग आप पर विश्वास करते हैं, आपको पसन्द करते हैं, आपकी प्रशंसा करते हैं, तो दरअसल वे आपको स्वयं के लिए एक महत्त्वपूर्ण व्यक्ति बना रहे होते हैं और आपका यही एहसास चमत्कार कर सकता है।

8. अपनी उपलब्धियों से प्रेरणा लीजिए

एक साथ दस विद्यार्थी मिलकर यदि किसी प्रतियोगिता की तैयारी कर रहे हैं, तो यह आवश्यक नहीं है कि सुविधाओं के सन्दर्भ में सभी बराबर हैं। सभी की अपनी-अपनी परेशानियाँ या अपनी-अपनी सीमाएँ होती हैं। जीवन में अत्यधिक नाकामयाब रहने वाले व्यक्ति ने भी कभी-न-कभी कुछ विशिष्ट कार्य अवश्य किये होते हैं। उन घटनाओं या उन क्षणों को अपना प्रेरणास्त्रोत बनाते हुए कठोर परिश्रम किया जा सकता है। जहाँ तक हमारे प्रेरित होने का प्रश्न है, तो उसका एक श्रेष्ठ माध्यम हमारे भूतकाल की उत्साहजनक घटनाएँ भी हैं, जो आपको बताती हैं कि आप साधारण नहीं हैं। दो मित्र एक ही कार्य कर रहे हैं। एक के पास अधिक समस्याएँ नहीं हैं, जबकि एक के पास समस्याएँ ही समस्याएँ हैं। ध्यान देने योग्य बात यह है कि अधिक परेशान व्यक्ति अभी भी दूसरों के साथ कामयाबी की दौड़ में बना हुआ है। यह उसकी बहुत बड़ी उपलब्धि है। वह चाहे तो अपनी समस्याओं से प्रेरणा भी प्राप्त कर सकता है और

अगर चाहे तो उन्हें लेकर परेशान भी रह सकता है। यह उसके दृष्टिकोण का प्रश्न है। क्योंकि सच तो यह है कि एक बहुत असफल व्यक्ति के पास भी उपलब्धियाँ तो निश्चित रूप से हैं। **'शून्य' में आत्मविश्वास जन्म नहीं लेता। पर हममें से किसी भी व्यक्ति के पास 'शून्य' है ही नहीं।**

यह किस प्रकार कार्य करता है?

एक लड़के ने एक Professional (व्यावसायिक) कोर्स किया। नौकरी की तलाश में वह दिल्ली आया। कुछ समय बीत जाने पर भी जब उसे नौकरी नहीं मिली, तो उसने अपने एक मित्र से निराशाजनक बातें कहीं। मित्र ने कहा – ''तुम्हें लगातार प्रयास करने की आवश्यकता है। वैसे मुझे तुम्हारी निराशा का कोई कारण समझ में नहीं आता। जब मैं तुमसे पहली बार मिला था, तो तुम बहुत ही साधारण विद्यार्थियों में गिने जाते थे। तुम भयंकर आर्थिक अभावों से भी जूझ रहे थे। तरह-तरह की परेशानियाँ तुम्हारे साथ थीं। उस स्थिति में भी आज तुम एक Professional (व्यावसायिक) कोर्स पूर्ण कर चुके हो। तुम्हारे पास तो इतनी उपलब्धियाँ हैं। इन्हें अपना प्रेरणास्रोत बनाओ। आज तुम उन लोगों के साथ कामयाबी की दौड़ में संघर्ष कर रहे हो, जो अपने प्रारम्भिक समय में तुमसे प्रत्येक स्तर पर अच्छे थे। जब तुम साधारण हो ही नहीं, तो स्वयं को ऐसा समझते ही क्यों हो?''

◆ दूसरों की यथासम्भव मदद करने का दृष्टिकोण व्यक्ति में आत्मविश्वास के सृजन का सर्वाधिक महत्त्वपूर्ण स्रोत है। गरीबों और जरूरतमन्दों की मदद करना एक बड़ी बात है।

◆ क्षमा करने का भाव भी व्यक्ति में आत्मविश्वास का सृजन करता है।

❊———❊

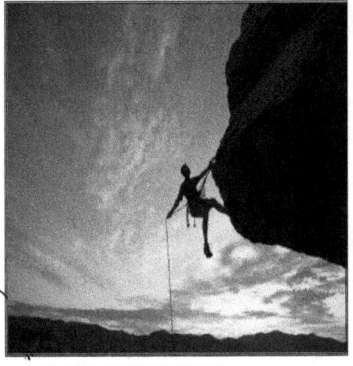

साहस की अवधारणा
(CONCEPT OF COURAGE)

आत्मविश्वास के बाद आने वाली कड़ी का नाम साहस है।

स्वामी विवेकानन्द कहते हैं कि विपत्तियों का सामना हमें साहसपूर्वक करना चाहिए। उनसे भागकर हम उनका हल नहीं खोज सकते, उनसे जूझकर ही हम उनसे पार पा सकते हैं। इतिहास गवाह है कि साहसी व्यक्तियों को उनके लक्ष्य तक पहुँचने से रोका नहीं जा सका है। उन्हें कठिन से कठिन परिस्थिति भी कभी डिगा नहीं पायी। ठीक इसी प्रकार जो व्यक्ति जीवन की प्रतिकूलताओं का सामना साहसपूर्वक करता है, तो उसके बारे में सिर्फ एक ही बात निश्चित है कि वह विजयी होगा। हमारे सामने आज अनगिनत उदाहरण पड़े हुए हैं। जिन्होंने अपने जीवन की प्रतिकूलताओं का साहसपूर्वक सामना किया और उन्हें अनुकूलताओं में बदल लिया। उनके जीवन की घटनाएँ भी इस तथ्य को सम्बल देती प्रतीत होती हैं। नेपोलियन बोनापार्ट, सिकन्दर महान्, कोलम्बस आदि ऐसे साहसिक व्यक्तित्व थे, जिन्होंने प्रत्येक कठिनाई को अपने साहसिक कार्यों के फलस्वरूप विजित किया था। 'साहस' एक ऐसा शब्द है, जिसे हम सभी जानते भी हैं और बचपन से आज तक पढ़ते भी आये हैं। पर फिर भी एक महत्त्वपूर्ण प्रश्न यह है कि वास्तव में 'साहस' है क्या?

एक यूनिवर्सिटी की एक घटना है। एक परीक्षा में 'साहस' पर 500 शब्दों में एक निबन्ध लिखने को आया था और एक परीक्षार्थी ने गजब का साहस दिखाया। उसने अपनी कापी में सिर्फ इतना ही लिखा। 'यही साहस है'। शेष पृष्ठ उसने खाली ही छोड़ दिये। उस परीक्षार्थी ने परीक्षा में सर्वाधिक अंक अर्जित किये थे।

1. त्वरित एवं प्रभावी निर्णय या सही समय पर सही निर्णय लेना ही 'साहस' है।

2. यदि कोई व्यक्ति आप पर अचानक आक्रमण कर देता है, तो या तो आप चोट खा जायेंगे या उसका माकूल जवाब देंगे। दरअसल जब आप एक त्वरित निर्णय लेते हैं और अपने बचाव के लिए प्रयास करते हैं, तभी आप साहसी कहलाते हैं।

3. आपके सामने यदि किसी व्यक्ति का एक्सीडेण्ट हो जाता है। उसे मदद की आवश्यकता है, तो आपका वह त्वरित निर्णय ही, कि मुझे इसे अस्पताल पहुँचाना है, आपके साहसी होने की पुष्टि करता है।

4. मनुष्य जीवन में अकसर हम किसी दोराहे पर खड़े पाये जाते हैं। उस समय भविष्य में हमारे जीवन की प्रगति या अवनति का निर्धारण हमारा एक निर्णय मात्र कर सकता है।

5. दरअसल कठिन परिस्थितियों में जब अचानक ही आप कोई निर्णय लेते हैं और उसे सही सिद्ध कर देते हैं, तो लोग आपको साहसी व्यक्तित्व के रूप में जानने लगते हैं। विपरीत परिस्थितियों में आपका सही समय पर सही निर्णय लेना ही यह दरशाता है कि आप साहसी व्यक्ति हैं। एक व्यक्ति किसी कठिनाई विशेष को देखकर अपने कदम वापस खींच लेता है और कोई दूसरा व्यक्ति उसी कठिनाई में आगे बढ़ जाता है। जो व्यक्ति आगे बढ़ जाता है, हम उसे ही साहसी कहते हैं। दरअसल उसने विपरीत परिस्थितियों में आगे बढ़ने का निर्णय लि ा होता है। प्रश्न है कि कुछ लोग प्रतिकूल परिस्थितियों में क्यों टूट जाते हैं? क्यों बिखर जाते हैं? जबकि कुछ लोग क्यों उन पर विजय प्राप्त कर लेते हैं?

'साहस' आत्मविश्वास के बाद आने वाली अगली कड़ी है
(Courage is next to Confidence)

एक बार एक जंगल से दो मित्र गुजर रहे थे। मार्ग में उन्हें तीन आदिवासी हिंसक रूप में आते दिखायी दिये। उनमें से एक मित्र ने सोचा कि चलो इनसे मुकाबला किया जाये, जबकि दूसरा उन्हें देखते ही भाग खड़ा हुआ। जो मित्र भागा था, उसके पीछे दो आदिवासी भागे और अन्ततः उसे मार गिराया। जिस मित्र ने मुकाबला करने की ठानी थी, उसने कड़े संघर्ष के बाद उस अकेले आदिवासी को ही मार गिराया। अन्ततः उसके रौद्र रूप और अपने एक साथी की लाश देखकर दोनों आदिवासी भी डरकर भाग खड़े हुए।

इस कहानी से हमें यही ज्ञात होता है कि मुसीबतों को सामने देखकर जब हम उनसे भागने का प्रयास करते हैं, तो दरअसल यह हमारा गलत निर्णय होता है। इसके विपरीत जब हम उनसे सामना करने को तैयार हो जाते हैं, तो यह हमारा सही निर्णय होता है। पर एक महत्त्वपूर्ण प्रश्न यह है कि निर्णय तो दोनों ही मित्रों ने लिया था, एक ने आदिवासियों से सामना करने का और दूसरे ने उनसे भागने का। हम यह किस प्रकार कह सकते हैं कि कौन-सा निर्णय सही हो सकता है? क्योंकि सम्भावना तो इस बात की भी थी कि भागने वाला भाग जाता और मुकाबला करने वाले को तीनों आदिवासी मिलकर मार देते। इसलिए अब हमें यह जानना चाहिए कि क्यों पहले वाले मित्र का निर्णय सही था?

निर्णय की अवधारणा (Concept of Decision)

किसी भी प्रकार की परिस्थिति में निर्णय तो प्रत्येक व्यक्ति लेता है, चाहे वह निर्णय कैसा भी हो? लेकिन कुछ लोग पीछे हटने का निर्णय लेते हैं, जबकि कुछ लोग आगे

बढ़ने का। कुछ लोग हार मानने का निर्णय लेते हैं, जबकि कुछ लोग विजय प्राप्त करने का प्रयास करते हैं।

1. **हार मानने का निर्णय** – इन लोगों में आत्मविश्वास नहीं होता। इसलिए यह इतना सोच ही नहीं पाते कि सामने आने वाली इस कठिनाई पर हम विजय प्राप्त कर सकेंगे। **यदि भागने वाले मित्र ने सामना करने का निर्णय लिया होता, तब भी वह पराजित ही होता।**

2. **विजय प्राप्त करने का निर्णय** – ये लोग आत्मविश्वास से भरे होते हैं और इसलिए ये इतना सोच ही नहीं पाते कि सामने आने वाली कठिनाई को हम विजित नहीं कर सकेंगे। अपने आत्मविश्वास के कारण ये सही निर्णय ले पाने में सक्षम होते हैं। ये अपनी योग्यता पर विश्वास रखते हैं और यही कारण है कि कुछ पलों में ही सभी सम्भावनाओं पर विचार करके सही निर्णय ले जाते हैं। **यदि सामना करने वाले मित्र ने भागने का निर्णय लिया होता, तो वह निश्चित रूप से भाग जाता और अपनी जान बचा लेता।**

क्या तुम विश्वास कर सकते हो कि साहस आत्मविश्वास के बाद आने वाली अगली कड़ी का ही नाम है। आत्मविश्वासी व्यक्ति ही सही समय पर सही निर्णय ले सकता है और वही व्यक्ति साहसी हो सकता है। कल तुमने एक अजीब सा निर्णय लिया। कुछ लोगों ने कहा कि यह सही नहीं है। और तुमने मान लिया। बस जिस पल तुमने दूसरों के शब्दों पर ध्यान दिया, बस उसी पल तुम कमजोर होते चले गये। अब तुम अपने निर्णय पर जब भी काम करोगे तब तुम्हें सदैव एक भय सताता रहेगा। तुम कोई भी जटिलता (जो स्वभाविक है) आने पर बार–बार अपने ही निर्णय पर नकारात्मक चिन्तन करने लगोगे और क्या तुम विश्वास कर सकते हो कि अन्ततः तुम्हारा वो निर्णय गलत ही साबित होगा। वस्तुतः यदि तुम आत्मविश्वासी हो, तभी अपने निर्णय को तुम सही सिद्ध कर सकते हो और तभी तुम साहसी कहलाये जाओगे।

सही निर्णय का निर्धारण

सही निर्णय का निर्धारण करने के लिए हमें मनुष्य की प्रवृत्तियों की ओर झाँकना पड़ेगा।

1. किसी भी मुसीबत में हम हार मान लें, इसके कई कारण हो सकते हैं लेकिन मानव स्वभाव होता है कि वह सदैव विजयी होना चाहता है अर्थात् मनुष्य **विजेता बनने की स्वाभाविक प्रवृत्ति** रखता है।

2. यदि व्यक्ति में आत्मविश्वास भी है, तो वह अपनी **स्वाभाविक प्रवृत्ति के साथ न्याय** कर सकता है।

3. ऐसा व्यक्ति ही सही समय पर सही निर्णय ले सकता है और यही 'साहस' है अर्थात् आपको जान लेना चाहिए कि आत्मविश्वासी लोग ही साहसी हो सकते हैं अर्थात् साहस कुछ भी नहीं है सिवाय **आत्मविश्वासी लोगों का एक गुण होता है, आत्मविश्वास की अगली कड़ी होता है।**

4. पर, एक प्रश्न यह भी है कि जब हम कोई निर्णय लेते हैं, तो परिणाम अच्छा आने पर हमारा निर्णय सही या साहसिक माना जाता है, जबकि गलत परिणाम आने पर हम पर दोषारोपण किया जाता है।

5. अर्थात् निर्णय लेने के वक्त इस बात को निश्चित नहीं कहा जा सकता कि वह सही है या गलत।

6. अर्थात् कोई भी निर्णय गलत या सही नहीं होता। गलत या सही तो उसे बनाया जाता है।

7. और जिस व्यक्ति में आत्मविश्वास होता है, उसका कोई भी निर्णय लेना इस बात की गारण्टी होती है कि वह इसे सही साबित करने जा रहा है।

याद रखो साहस नाम के इस शब्द की उत्पत्ति ही तब होती है जबकि तुम अपने द्वारा लिये गये किसी भी निर्णय को सही सिद्ध कर देते हो। दुनिया उन्हें ही साहसी बोलती है जिन्होंने उसकी अपेक्षाओं से बढ़कर कोई कार्य कर दिखाया। मनुष्य जीवन में अधिकतर निर्णय पूर्व निर्धारित नहीं होते। साहस की वास्तविक परिभाषा यही है कि निर्णय लो और उसे सिद्ध कर दिखाओ और ऐसा तुम तभी कर सकते हो जबकि तुम आत्मविश्वासी हो, तुम्हें खुद पर और अपने द्वारा लिये गये निर्णय पर पूर्ण विश्वास है। "सही समय पर सही निर्णय" लेने की अवधारणा को अब मैं स्वयं भी मानने को तैयार नहीं हूं। कोई भी निर्णय कभी गलत या सही नहीं होता। उसे गलत या सही बनाना तो तुम्हारे हाथ में है और तुम निःसन्देह जानते हो कि अपने द्वारा लिये गये निर्णय को सही साबित करने पर ही तुम साहसी कहलाते हो।

यह किस प्रकार कार्य करता है?

◆ प्रतिकूल परिस्थितियों पर विजय प्राप्त करना मनुष्य का स्वभाव होता है।

◆ अब यदि हमारे अन्दर आत्मविश्वास भरा हुआ है, तो हमारी यह **स्वाभाविक प्रवृत्ति बनी रहती है।**

◆ ऐसी स्थिति में आप जिस कार्य को करने का निर्णय लेते हैं, तो दरअसल उस समय आप कार्य की जटिलताओं के बारे में सोचते ही कहाँ हैं? आपको तो बस अपने निर्णय पर पूरा विश्वास होता है अर्थात् आप अपनी क्षमताओं पर पूरा भरोसा रखते हैं, उनसे परिचित होते हैं अर्थात् आपके निर्णय का विवेकपूर्ण होना निश्चित है।

◆ अब क्योंकि आप निर्णय ले चुके हैं, इसलिए आपका आत्मविश्वास आपको इस बात की गारण्टी देता है कि आप उस कार्य को अवश्य ही पूर्ण कर दिखायेंगे।

◆ मानसिक दुःख में उत्तम मार्ग यह होता है कि कुछ समय के लिए संयम रख लिया जाये, तो दरअसल आप उस समय स्वयं को संयमित रखने का निर्णय लेते हैं।

- कभी-कभी ऐसा भी घटित होता है कि आपने अचानक ही कोई साहसिक निर्णय तो ले लिया, पर अन्ततः कामयाबी नहीं मिल पाती। तो यह कोई चिन्तित होने वाली स्थिति नहीं होती। ऐसे समय में आपकी नाकामयाबी आपको बहुत कुछ सिखाकर जाती है और साथ में आपमें पुनः आगे बढ़ने की इच्छा का सृजन करती है, **क्योंकि जब मनुष्य के निर्णय खुद के ही द्वारा लिये जाते हैं, तो उस स्थिति में नाकामयाबी, हतोत्साहित नहीं, प्रोत्साहित करती है।**

For my every mistake, my every failure or for my every human error, I am responsible myself and no other one and that is the reason, I wish to make the ways for my progress by myself.

साहस का जन्म

1. जहाँ तक मनुष्य के सम्बन्धों या भावनात्मक निर्णयों या व्यावहारिकता अर्थात् समाज में लोगों के साथ किये जाने वाले व्यवहार का प्रश्न है, तो इस स्थिति में साहसिक और सटीक निर्णय लेने के लिए आपका अन्दर से पवित्र, निष्कपट, निश्छल और मजबूत नैतिक चरित्र का होना आवश्यक है। **दरअसल ये चीजें व्यक्ति में आत्मविश्वास का सृजन भी करती हैं।**
2. अपनी-अपनी रुचियों के सन्दर्भ में हम सभी साहसी हैं अर्थात् उनके लिए हम बड़े निर्णय भी ले जाते हैं और उन पर काम भी कर लेते हैं, पर सबसे महत्त्वपूर्ण प्रश्न यह है कि **क्या हमारी रुचियाँ उचित हैं?**
3. यदि हमारी रुचियाँ हमें आगे नहीं बढ़ा पा रही हैं, तो हमें विचार करने की आवश्यकता है, क्योंकि इस स्थिति में आपके साहसी होने का कोई औचित्य नहीं है। **दरअसल यह दु:साहस है।**

साहस एवं कामयाबी

यह सच है कि केवल साहसिक निर्णय लेने मात्र से आपके सभी कार्य पूर्ण नहीं हो जाते। कार्यों को पूरा करने के लिए परिश्रम भी करना पड़ता है, कुछ अन्य योग्यताओं की भी आवश्यकता होती है। पर यह भी सच है कि साहसिक निर्णय लेना ही कामयाबी की ओर आपका एक महत्त्वपूर्ण कदम है। इस संसार में विजयी होने के लिए आपका आत्मविश्वासी और अन्ततः साहसिक होना आवश्यक है। कठोर परिस्थितियों को तो परिभाषित ही नहीं किया जा सकता। वे तो कभी भी एवं किसी भी रूप में आपके सामने आ सकती हैं। बस आवश्यकता सिर्फ इस बात की है कि हम उनका साहसपूर्वक सामना कर सकें। महान् कहलाये जाने वाले लोगों में से आप किसी का भी जीवनक्रम उठाकर देख लीजिए, आपको हजारों-लाखों ऐसे उदाहरण मिल जायेंगें, जो उनके साहसी होने की पुष्टि करते हैं।

- महात्मा गाँधी में **सत्य बोलने का साहस** था, क्योंकि उन्हें **विश्वास** था कि वह जो भी कह रहे हैं, सत्य ही है।

- नेपोलियन बोनापॉर्ट में अपनी योजनाएँ के **सफल होने का विश्वास** था। इसलिए उनकी अधिकांश रणनीतियाँ कामयाब हुईं, उनके अधिकांश निर्णय सही साबित हुए।
- कोलम्बस में परिस्थितियों पर विजय प्राप्त करने का **कठोर आत्मविश्वास** था। इसलिए वह भंयकर समुद्री खतरों के मध्य भी **साहसिक निर्णय** लेते हुए अमेरिका तक पहुँचे।
- अब्राहिम लिंकन को **विश्वास** था कि वह अपने देश में फैली Civil War गृहयुद्ध को नियन्त्रित कर सकते हैं, इसलिए उनके निर्णय सही साबित हुए।
- किसी भी प्रकार के खेल में जब कप्तान को **खुद पर विश्वास** होता है, अपने खिलाड़ियों पर **विश्वास** होता है, तो उसका कोई भी नया प्रयोग अधिकांशतया सही होता है।
- विल्मा रूडोल्फ को अपनी शारीरिक अक्षमताओं को **जीतने का विश्वास** था, इसलिए उस ग्यारह साल की बच्ची ने डाक्टरों के मना करने के बावजूद अपने पैरों से **ब्रेस उतार फेंकने का निर्णय** लिया था। अन्ततः 1960 के ओलम्पिक में वह एथलेटिक्स में तीन स्वर्णपदक जीतकर विश्व की सबसे तेज धाविका बनी।
- आस्ट्रेलिया के इयान थोर्पे को अपनी **क्षमताओं पर पूरा विश्वास** था, इसलिए उस छोटे-से बच्चे ने आस्ट्रेलिया की ओर से ओलम्पिक में खेलने का **बड़ा निर्णय** लेकर प्रयास प्रारम्भ किये और सिडनी ओलम्पिक (2000) में तैराकी में पाँच स्वर्णपदक जीते।
- पी.टी. ऊषा को अपनी क्षमताओं पर **अटूट विश्वास** था, इसलिए वह भारत जैसे देश में महिला होने के बावजूद विश्वप्रसिद्ध धाविका बनी।
- मदर टेरेसा को अपनी श्रद्धा एवं दुर्बलों की सेवा कर पाने पर **विश्वास** था, इसलिए उन्होंने जीवनभर रोगियों और असहायों की **मदद करने का निर्णय** किया था और उसे सही साबित भी किया।

आप कहीं भी किसी भी महान् पुरुष के बारे में जानिए तब आपको अनुभव होगा कि कहीं न कहीं इन लोगों का साहसिक दृष्टिकोण ही इनकी सफलता का आधार बना था। **यदि आप भी खुद में विश्वास जागृत कर लेते हैं, तो आपके अधिकांश निर्णय सही साबित होंगे** अर्थात् आप साहसी होंगे और तब आपकी कामयाबी भी निश्चित है।

तुम क्या सोचते हो कि जीवन की कठिनाईयों से भागकर तुम विजयी बन सकोगे। तुम्हें जान लेना चाहिए कि तुम कठिनाईयों से जितना भागोगे, वे तुम्हें उतना ही अधिक डरायेंगी। यदि यही क्रम जारी रहा तो पहले तुम्हारे आस-पास के लोग ही तुम्हारे कायर न होने के बावजूद तुम्हें कायर कहेंगे। कुछ दिनों बाद

तुम खुद ही स्वयं को कायर समझने लगोगे। किसी भी कठिनाई से तुम एक पल में ही घबरा जाओगे जबकि तुम ऐसे नहीं हो बल्कि तुम खुद को ऐसा बना लोगे। तुममें से बहुत लोग अपनी बहादुरी का बखान करते नहीं थकते। क्या तुम जानते हो कि बहादुरी कुछ भी नहीं है सिवाय इसके कि तुम अपने निर्णयों को सही साबित कर दिखाओ।

तो मित्रों! सबसे पहले तो खुद पर विश्वास करना सीखिए और तब आप पायेंगे कि आप भी साहसिक निर्णय ले सकते हैं। यही अवधारणा आपकी प्रगति का आधार बन सकती है। आपमें से ऐसा कोई भी नहीं है, जिसके भाग्य में सिर्फ असफलताएँ ही लिखी हैं। कोई भी ऐसा नहीं है, जिसे विजय हासिल करना न आता हो। बस प्रश्न है कि क्या आप विजय हासिल करने का निर्णय ले सकते हैं? क्या आपमें यह विचार करने का साहस है कि अब तो आपको विजेता ही बनना है। जिस दिन आप अपने दुर्बल मन पर विजय प्राप्त कर लेंगे, उसी दिन से एक-एक करके असफलताएँ आपसे मुंह छिपाने लगेंगी। बस कामयाबी का यही रहस्य है, जिसे आप सभी को आत्मसात् करना है। असफलताओं के बारे में आपको मन में यही सोचना चाहिए, ''चलो कोई बात नहीं, हम फिर परिश्रम करेंगे और इस बार हम अपनी पिछली गलतियाँ नहीं दोहरायेंगे, क्योंकि अब हम कामयाब होने का निर्णय ले चुके हैं, अब हम सफलता के स्वप्न देख चुके हैं, अब हमें नहीं रोका जा सकता। हमें हजार बार भी असफलता मिलेगी, तब भी हम एक रोज सफल होकर दिखायेंगे और तब देखिए आपको हजार बार प्रयास करने की आवश्यकता ही नहीं पड़ेगी। कामयाबी आपको अतिशीघ्र मिलेगी। बस विश्वास करने योग्य यही एक तथ्य है।

किसी भी कार्य को पूर्ण करने के हजारों–लाखों मार्ग होते हैं। उसने x मार्ग अपनाया है, मैंने y मार्ग अपनाया है और तुम x या y या कोई अन्य मार्ग भी अपना सकते हो। तुम्हारा लक्ष्य सिर्फ मंजिल तक पहुंचना है कैसे पहुंचना है, यह निर्णय भी तुम्हें लेना है। याद रखो यदि तुम्हारे अन्दर खुद पर अटूट विश्वास है तो तुम जिस मार्ग पर कदम बढ़ा दोगे, वही मार्ग मंजिल तक पहुंचने का एक नया मार्ग बन जायेगा। अन्ततः तुम्हारा यही निर्णय एक रोज साहसिक निर्णय कहा जायेगा। रास्ते तुम बनाते हो, रास्ते तुम्हें कभी नहीं बनाते। यदि किसी वस्तु को प्राप्त करने के लिए महज कुछ निश्चित मार्ग ही इस संसार में उपलब्ध होते तो तुम निश्चित जान लो कि आज तक मनुष्य पत्थरों को आपस में रगड़कर अग्नि उत्पन्न कर रहा होता। बस तुम्हें अपना सफर अपनी तरह से तय करना है, किसी का अनुकरण करके नहीं।

क्या अब आप कामयाबी प्राप्त करने का निर्णय लेने को तैयार हैं?

❖ ⎯ ❖

दृढ़ इच्छाशक्ति (Firm-determination)

दृढ़ इच्छाशक्ति
(FIRM-DETERMINATION)

> साफ नीयत से किये हुए कार्य या परिश्रम व्यक्ति में कठोर इच्छाशक्ति को जन्म देते हैं।

दृढ़ इच्छाशक्ति मनुष्य के पास एक अमूल्य खजाना है। यह संसार की प्रत्येक कठिनाई, प्रत्येक दुःख, सभी प्रतिकूल परिस्थितियों का सामना साहस से करने में सक्षम है। यही मनुष्य के जीवन में किसी लक्ष्य की प्राप्ति के लिए आवश्यक आन्तरिक दृढ़ता उसे प्रदान करती है। यह सच है कि आपको इस संसार में बिना परिश्रम के कुछ भी नहीं मिलता। लक्ष्यप्राप्ति के मार्ग में तरह-तरह की कठिनाइयाँ भी आती हैं। याद रखिए मित्रों! इन कठिनाइयों में वही कदम रुक जाते हैं, जिनके पास यह अनमोल खजाना नहीं होता। एक ऐसा खजाना, जो प्रत्येक मनुष्य खुद के अन्दर विकसित कर सकता है। चाहे स्त्री हो या पुरुष, सभी के लिए यह शक्ति एक समान कार्य करती है। पृथ्वी पर आज ढेर सारे महान् व्यक्ति हमारे सामने आदर्श बनकर खड़े हुए हैं। उन सभी के जीवन का अध्ययन करने पर इतना अवश्य जाना जा सकता है कि विपत्तियों का सामना उन्होंने जिस प्रकार किया था, इसके लिए उनकी अद्भुत इच्छाशक्ति ही जिम्मेदार थी, जिसने उन्हें कभी हथियार न डालने की प्रेरणा दी। उनके अन्दर आत्मविश्वास भी था और वे साहसी भी थे।

पर असफलताओं का क्या है? उनका सामना करने से बचा कौन है? ऐसी प्रतिकूल परिस्थितियों में उनकी दृढ़ इच्छाशक्ति ही उनकी पथ-प्रदर्शक बनकर खड़ी हुई।

दरअसल मनुष्य को तब तक पराजित नहीं कहा जा सकता, जब तक वह स्वयं को पराजित न मान ले अर्थात् वह खुद को **मन से** पिछड़ा हुआ अनुभव न करने लगे। यही कारण है कि दृढ़ इच्छाशक्ति का सम्बन्ध **मन से होता** है। यह मनुष्य के मन की एक ऐसी अवस्था होती है, जबकि किसी भी मुसीबत में वह हार मानने को तैयार नहीं होता। विचार कीजिए, क्या ऐसे व्यक्ति को दुनिया की बड़ी से बड़ी मुसीबत भी कामयाब होने से रोक सकती है?

- **शहनाज हुसैन प्रसिद्ध ब्यूटीशियन और सौन्दर्य-प्रसाधन कम्पनी एल्डर की मालकिन हैं। अपने शुरुआती दिनों में धन की कमी को पूरा करने के लिए वह एक पत्रिका में सभी आर्टिकल्स अलग-अलग नामों से लिखती थीं। अधिक टाइपिंग की वजह से अँगुलियाँ खराब हो गयीं। डाक्टरों ने उनकी अँगुलियों को देखकर कहा कि इन्हें काटना पड़ेगा। क्या आप जानते हैं कि शहनाज हुसैन ने क्या जवाब दिया था?**

'कितनी काटनी पड़ेगी?' - उन्होंने पूछा

जीवन में बड़ी कामयाबी उपहार में कभी नहीं मिलती। शहनाज हुसैन की दृढ़ इच्छाशक्ति ने उन्हें प्रत्येक कठिनाई में मुस्कुराना सिखा दिया था।

◆ भारत के स्वतन्त्रता-संग्राम में नेता जी सुभाषचन्द्र बोस का नाम नया नहीं है। आप सभी जानते हैं कि सुभाष ने कितनी कठिनाइयों में भी भारत को स्वतन्त्र कराने के लिए लगातार प्रयास किये। निःसन्देह उनकी आजादी के लिए तीव्र इच्छाशक्ति ही इसके लिए उत्तरदायी थी। उन्होंने देश को आजाद कराने के लिए आजाद हिन्द फौज का गठन भी किया था।

महान् लोगों में बस यही तो विशेषताएँ होती हैं कि वे किसी भी मुसीबत में हार मानने को तैयार नहीं होते। विजेता बनने के लिए वे लगातार प्रयास करते हैं, विजित हो जाना उन्हें मंजूर नहीं होता। इतिहास का प्रत्येक पल चीख-चीखकर कहता है कि जब भी किसी साधारण व्यक्ति ने कोई ऊँचा स्वप्न देखा, तो तत्कालीन समाज ने उनका उपहास किया, उन्हें हँसी का पात्र बनाया। कभी-कभी तो उन्हें अपने ही प्रियजनों की उपेक्षा तक सहन करनी पड़ी। उन्होंने अत्यन्त कठिन समय का सामना किया। लोगों के ताने सहे, उनकी आलोचनाओं को सुनना पड़ा। अक्सर आँखों में आँसू भी आये लेकिन वे उन्हें मन ही मन पीकर रह गये। यहाँ तक कि कई बार असफल हुए, कई बार गिरे। दूर-दूर तक कोई सहारा देने को उनके साथ न था। जिन्हें वे बहुत प्रेम करते थे, वे तक उनके साथ उनके संघर्ष में साथ न दे सके। लोगों ने कहा, यह पागल हो गया है, यह स्वयं को बर्बाद करेगा, यह कहीं का न रहेगा, इसे दुनियादारी नहीं आती, यह बेवकूफ है। पर लोग क्या कहते हैं, इस पर उन्होंने ध्यान न दिया। बस पूरे आत्मविश्वास से दृढ़ इच्छाशक्ति को अपना सहारा और पथ-प्रदर्शक बनाकर लगातार आगे बढ़ने के प्रयास करते रहे। समाज की उन्होंने कोई परवाह न की। अल्बर्ट आइंसटीन ने कहा भी था - "Great spirits have always found violent opposition from mediocrities." अन्ततः उन्होंने अपने उद्देश्य में सफलता प्राप्त की। सर्वप्रथम लोग हतप्रभ हुए। कुछ ने यह भी कहा कि अन्धे के हाथ बटेर लग गयी। कुछ लोगों ने तो उन्हें भाग्यशाली भी कहा, पर अन्ततः उनकी प्रशंसा करने पर मजबूर हुए और आज स्थिति यह है कि हम उन लोगों को बार-बार याद करते हैं, उन्हें अपना प्रेरणास्रोत बताते नहीं थकते। पर क्या उन्हें अपना प्रेरणास्रोत मात्र कह देना ही हमारे लिए पर्याप्त है? हमें उनसे, उनके मजबूत इरादों से, उनके दृढ़ चरित्र से शिक्षा भी तो लेनी चाहिए।

क्या आप उन दो भाइयों की कहानी को जानते हैं? जिन्हें उनके तात्कालिक समाज ने जीना दूभर कर दिया था। चहुँ दिशाओं से आलोचनाएँ उन्हें सहन करनी पड़ीं। मित्रों ने साथ छोड़ दिया। वे जिधर भी चले जाते थे, तो लोग उन पर हँसते, बच्चे तालियाँ पीटते, उन पर पत्थर फेंकते। माता-पिता को भी उनकी स्थिति देखकर दुःख होता और वे उन्हें समझाते कि यह क्या बेवकूफी भरी हरकतें करते रहते हो। मजबूरन उन्होंने घर ही त्याग दिया। माता-पिता और बहनें

उनके दर्शनों के लिए तरसकर रह गयीं। वे आर्थिक संकटों से जूझते रहे। भूखे रहे, कष्ट सहे। पर धन्य हैं, वे राइट ब्रदर्स जिन्होंने संसार को हवाईजहाज जैसी उत्कृष्ट वस्तु प्रदान की।

बहुत से लोग महान् व्यक्तियों के बारे में कह देते हैं कि वे लोग तो पृथ्वी पर कुछ विशेष बनकर ही जन्म लिये थे। पर सोचने वाली बात यह है कि विशेष व्यक्तियों के लिए ईश्वर को कुछ विशेष सुविधाएँ भी तो देनी चाहिए थी। इसलिए यदि ऐसा होता, तो उन्हें ठीक वैसी ही या उससे भी कठोर मुसीबतों का सामना नहीं करना पड़ता, जैसी मुसीबतों का सामना हम सभी लोग अपने जीवन में करते हैं। यदि वे लोग कुछ विशेष होते तो कठिनाइयों का सामना करने में उनकी स्थिति ठीक किसी आम आदमी की तरह न हो जाती अर्थात् वे टूट न जाते। उन्हें तो कठिनाइयों का अनुभव तक नहीं होना चाहिए था। बस फर्क सिर्फ इतना होता है कि बड़ी से बड़ी मुसीबत में उनका काम नहीं रुकता, उनके कदम वापस नहीं आते। दरअसल सबकुछ वही होता है, सभी के साथ होता है लेकिन कमजोर इच्छाशक्ति वाले लोग मुसीबतों में टूटकर बिखर जाते हैं, उन्हें अपने लिए समस्त मार्ग बन्द नजर आने लगते हैं। इसके ठीक विपरीत कामयाब लोग उन्हीं मुसीबतों में पहले से भी कहीं अधिक मजबूती से खड़े नजर आते हैं। वे लगातार आगे बढ़ने का संकल्प लेकर आगे बढ़ते ही रहते हैं।

लॉर्स आर्मस्ट्रांग विश्व प्रसिद्ध साइकिलिस्ट हैं। 30 वर्ष की आयु के लगभग उन्हें टेस्टिस कैंसर हो गया। डाक्टरों ने कहा कि साइकिल चलाना तो दूर तुम्हें चलने-फिरने में भी परेशानी हो सकती है। लेकिन अपनी बीमारी से जूझते हुए आर्मस्ट्रांग ने संसार की सबसे कठिन साइक्लिंग प्रतियोगिता Tour De France जो आल्पस के पर्वतों के बीच हर साल फ्रांस के पेरिस शहर में आयोजित की जाती है, में भाग लिया। आर्मस्ट्रांग ने तब इस प्रतियोगिता को 2 बार जीता। उन्होंने कुल 7 बार विजयी होकर एक नया विश्व कीर्तिमान बना डाला। समय के साथ-साथ उनका कैंसर भी ठीक हो गया।

मित्रों! आप अपने अन्दर छिपी इच्छाशक्ति को जागृत कीजिए। उसका विकास कीजिए। उसे बलवान और अधिक बलवान बनाइए। यह जीवन में कामयाब होने का ऐसा मूलमन्त्र है, जो कभी व्यर्थ नहीं जा सकता। ऐसे एक या दो नहीं अनगिनत उदाहरण आपको इतिहास में मिल जायेंगे, जबकि लोगों ने अपनी दृढ़ इच्छाशक्ति के बल पर हैरतअंगेज कारनामों को अंजाम दिया। विश्वास कीजिए आप भी ऐसा कर सकते हैं लेकिन ऐसा करने के लिए आपको अपने अन्दर की शक्ति को पहचानना होगा, जो सिर्फ एक ही बात जानती है। विजय! आज नहीं तो कल, पर सिर्फ विजय। आपको इसी शक्ति का उपयोग करना है। तभी ऐसा सम्भव है।

उसका नाम फिडीपिडीज था। उसके देश यूनान पर आक्रमण होने वाला था। आक्रमण से पूर्व यह सूचना पहुँचाना बहुत आवश्यक था। समय कम था और उसके पास अपने राष्ट्र की सीमाओं तक पहुँचने का कोई साधन भी न था। दूरी भी बहुत अधिक थी। उसने दौड़ना शुरू किया और बस दौड़ता चला गया। क्या वह थका न होगा? क्या वह इनसान न था?

पर अपने राष्ट्र को पराजय से बचाने के लिए सूचना पहुँचाना आवश्यक था, इसलिए उस रोज वह हाँफा, थका लेकिन न गिरा, न रुका। वह मंजिल तक पहुँचा भी, और मर गया। लेकिन इतिहास में फिडीपिडीज हमेशा-हमेशा के लिए अपना नाम अमर कर गया। उसकी सूचना पर वह पुल तोड़ दिया गया, जिसके माध्यम से आक्रमण सम्भावित था। उसी की याद में मैराथन दौड़ का आयोजन किया जाता है।

अपनी आन्तरिक शक्तियों को जागृत कीजिए। दृढ़ इच्छाशक्ति का सम्बन्ध **मन से** होता है और **मन तो** आप सभी के पास है अर्थात् अपनी बीजरूपी इच्छाशक्ति (**मन**) को विशाल वटवृक्ष का रूप दे दीजिए, उसमें मजबूत शाखाओं को जन्म दीजिए। फिर देखिए कि उसमें किस प्रकार कामयाबी के फल लगते हैं, किस प्रकार सफलता आपके बायें हाथ का खेल बन जाती है। अपने आपसे अपने लक्ष्य के लिए कहिए कि मुझे तो यही चाहिए और कुछ नहीं। निःसन्देह आप कामयाब होंगे। जो लोग आज आपका उपहास करते हैं, वही लोग आपकी प्रशंसा करेंगे, आपकी चर्चा करेंगे, आपका गुणगान करेंगे।

तो फिर उठिए, किस उलझनवश आप आगे बढ़ने का साहस नहीं कर पा रहे हैं। समय कभी किसी का इन्तजार नहीं करता, एक बार हाथ से फिसलने के बाद समय के वापस आने का कोई उपाय नहीं है। इस संसार में कोई भी वस्तु माँगने से, गिड़गिड़ाने से, किसी चमत्कार से या किसी की कृपा का पात्र बनकर हासिल नहीं की जा सकती, बल्कि आप अपने परिश्रम, अपने पुरुषार्थ से ही उसे हासिल कर सकते हैं। आपको अपनी क्षमताओं को शस्त्र बनाकर अपना लक्ष्य विजित करने की कला का विकास करना होगा और इसके लिए आपको मानव से महामानव बनना है। क्या आप विश्वास कर सकते हैं कि यह महामानव तो प्रत्येक व्यक्ति के अन्दर है। हाँ यह हो सकता है कि आपने उसे जगाने का कभी प्रयास ही न किया हो।

क्या है- दृढ़ इच्छाशक्ति?
(Concept of Firm Determination)

कठिनाइयों से जूझने के लिए या लक्ष्यप्राप्ति के मार्ग में आने वाली बाधाओं को विजित करने के लिए मनुष्य के **अन्तस्** से प्राप्त एक ऐसी प्रेरणात्मक शक्ति, जो उसे लगातार आगे बढ़ने की प्रेरणा देती है, एक ऐसी शक्ति जो उसे बड़ी से बड़ी मुसीबत में भी विजय की ओर अग्रसर करती है, 'दृढ़ इच्छाशक्ति' कहते हैं। इस शक्ति का किसी भी व्यक्ति के अन्तःकरण या अन्तस् में होना या न होना **खुद** उसी व्यक्ति पर निर्भर करता है। कठोर इच्छाशक्ति का विकास कोई भी मनुष्य खुद के अन्दर कर सकता है। सरल शब्दों में, यह किसी भी वस्तु को प्राप्त करने की तीव्र इच्छा का ही नाम है। इच्छा करने का काम तो हमारा **मन** करता है और यही कारण है कि दृढ़ इच्छाशक्ति का सम्बन्ध **मन से** होता है। प्रश्न उठता है कि क्या हम अपने अन्दर इस शक्ति का विकास कर सकते हैं? जवाब हाँ है, लेकिन इसके लिए हमें दृढ इच्छाशक्ति की उत्पत्ति के कारकों की पहचान करनी है अर्थात् यह कैसे जन्म लेती है? कैसे कार्य करती है? यह जानना जरूरी है।

मन – 'मन' इच्छायें व्यक्त करता है। अपने मन की आवाज पर ही मनुष्य किसी कार्य या किसी वस्तु की ओर बढ़ता है। पर मन के बारे में यह निश्चित नहीं है कि वह सदैव सही वस्तु की ही इच्छा करेगा। मन चंचल है। मनुष्य के जीवन में 'मन' वह भाव है, जो उसे कभी-कभी इधर-उधर भटकने पर मजबूर तक कर देता है। पर इतना निश्चित है कि मन ही मनुष्य की सभी अच्छी या बुरी इच्छाओं का जनक है और इसलिए महत्त्वपूर्ण है। पर इसके साथ-साथ प्रत्येक मनुष्य का एक अन्तर्मन भी होता है, जो उसे कभी भी गलत कार्य करने की प्रेरणा नहीं देता। जब आप कोई गलत कार्य करने जा रहे होते हैं, तो कुछ पलों को जो अनिच्छा का भाव या अन्दर से इजाजत न मिल पाने का भाव जन्म लेता है, उसका उद्गम स्थान आपका अन्तर्मन होता है।

अन्तर्मन – अन्तर्मन को साक्षात ईश्वर की भी संज्ञा दी जाती है एवं कहा जाता है कि ईश्वर स्वयं मनुष्य के हृदय में निवास करता है और उसे सदैव गलत कार्य करने से रोकता है। दरअसल अन्तर्मन के भावों का जन्म मनुष्य के उन संस्कारों के आधार पर होता है, जो वह बचपन से लेकर सदैव अपने जीवन में प्राप्त करता रहता है। **कोई भी मनुष्य कितना भी बुरा क्यों न हो, लेकिन उसे गलत या सही की पहचान अवश्य होती है अर्थात् अन्तर्मन सदैव उन्हीं सुनी गयी या बोली गयी बातों को ग्रहण करता है, जो अच्छी हैं या उचित हैं।** कुछ लोग अपने अन्तर्मन की आवाज को सुनकर भी अनसुना कर देते हैं। दरअसल वे लोग अपने ही अन्तर्मन की आवाज को दबाते हुए गलत कार्य करने लगते हैं। अन्तत: वे (**गलत कार्य**) कालान्तर में उन्हें गलत दिशा में मोड़ते हैं। कुछ समय बीतने के पश्चात् अन्तर्मन का विरोध इतना कमजोर पड़ जाता है कि उसके होने या न होने से व्यक्ति पर कोई फर्क नहीं पड़ता।

दृढ़ इच्छाशक्ति का जन्म – जब मनुष्य के मन की क्रियाओं पर नियन्त्रण उसके अन्तर्मन द्वारा होता है, तो उसकी बहुत-सी मानवीय शक्तियाँ एक साथ मिलकर एक अच्छी दिशा में कार्य करती हैं एवं दृढ़ इच्छाशक्ति उनमें से एक होती है। दूसरे शब्दों में इस स्थिति में पवित्र इच्छाशक्ति का विकास होता है।

जब मनुष्य के मन की क्रियाएँ उसके अन्तर्मन पर भारी पड़ती हैं अर्थात् जिसका अन्तर्मन लगातार उपेक्षा के चलते अत्यन्त कमजोर हो चला होता है, तो ऐसा व्यक्ति भयंकर भटकाव का शिकार होता है। दृढ़ इच्छाशक्ति नाम की कोई शक्ति उसके अन्दर जन्म ले ही नहीं सकती अर्थात् वह कभी संकल्प नहीं कर सकता। उसकी अधिकांश मानवीय शक्तियाँ उसके अन्दर ही दबी रह जाती हैं।

स्वामी विवेकानन्द कहते हैं – ''इच्छाशक्ति ही सबसे बलवती है। इसके सामने हर वस्तु झुक जाती है, क्योंकि वह ईश्वर और स्वयं ईश्वर से आती है। पवित्र और दृढ़ इच्छाशक्ति सर्वशक्तिमान है। क्या तुम इसमें विश्वास कर सकते हो? तुम अपने जीवाणुकोश की अवस्था से लेकर इस मनुष्य शरीर तक की अवस्था का निरीक्षण करो। यह सब किसने किया? तुम्हारी अपनी इच्छाशक्ति ने। यह इच्छाशक्ति सर्वशक्तिमान है। क्या तुम इसे स्वीकार कर सकते हो? जो तुम्हें यहाँ तक लायी, वही अब भी

तुम्हें और अधिक ऊँचा ले जा सकती है। तुम्हें केवल चरित्रवान होने की और अपनी इच्छाशक्ति को और अधिक बलवान बनाने की आवश्यकता है।''

1. मनुष्य के मन की क्रियाओं पर उसके अन्तर्मन द्वारा नियन्त्रण अर्थात् दृढ़ इच्छाशक्ति का विकास।
2. अन्तर्मन पर मन की क्रियाओं का नियन्त्रण अर्थात् आपके अन्दर दृढ़ इच्छाशक्ति का कोई अस्तित्व नहीं।
3. क्या आपने कभी किसी कमजोर चरित्र वाले व्यक्ति को देखा है? यदि हाँ, तो आपने यह भी देखा है कि वह विपत्तियों का सामना करने से सदैव बचता है। उसका अन्तर्मन उसे कभी इतना संकल्प दे ही नहीं सकता कि वह उनका सामना करने के बारे में सोच सके।
4. अपने मन को अधिक कमजोर मत बनाइए अर्थात् उस पर व्यर्थ का बोझ मत डालिए अन्यथा किसी भी मुसीबत में आप सरलता से पराजित हो जायेंगे।
5. नैतिक रूप से कमजोर लोग तब तक खुद को भाग्यशाली समझ सकते हैं, जब तक कि उन्हें जीवन में किसी बड़ी मुसीबत का सामना न करना पड़े।
6. जब तक आप अपने मन से साफ हैं अर्थात् आपने जानबूझकर कभी किसी का बुरा नहीं किया है, तो यह निश्चित है कि आप अपने विचारों पर, अपने शब्दों पर या अपने कार्यकलापों पर दृढ़ रहना जानते हैं।
7. अर्थात् दृढ़ इच्छाशक्ति का जन्म, आपके अन्दर आपके मन की पवित्रता से ही हो सकता है। दूसरी कोई सूरत नहीं। यदि आपका मन पवित्र नहीं है, तो आप कोशिश करके देख लीजिए, जीवन के किसी क्षेत्र में सही बात के लिए खड़े होने की दृढ़ता सम्भव नहीं। हाँ, कोई छोटी या बड़ी कामयाबी कोई बहुत बड़ी बात नहीं।
8. क्या आपने कभी किसी कमजोर चरित्र वाले इनसान को अपने परिश्रम के बल पर या अपनी योग्यता के बल पर ऊँचाई हासिल करते देखा है?
9. यह सम्भव नहीं है। यदि ऐसा कोई व्यक्ति आपने कामयाब होते देखा है, तो ध्यान दीजिए, उसकी कामयाबी का कारण 70% कोई गलत माध्यम है (धन, सिफारिश आदि) या 30% सही मार्गदर्शन (सम्बन्धों का लाभ, उचित आर्थिक सहयोग आदि) है। संघर्ष तो उसके वश का है ही नहीं।
10. क्या आपने कभी कोई मजबूत चरित्र वाला व्यक्ति देखा है! आप जानते हैं कि कठोर परिस्थितियों में उसने कभी हार नहीं मानी है।

यदि तुम गलत कार्यों के प्रति झुकाव रखते हो, दूसरों के प्रति तुम्हारा मन साफ नहीं है, तुम उच्च नैतिक चरित्र भी नहीं रखते हो या समाज को नुकसान पहुंचाने वाले कार्य भी तुम्हें अन्दर से झकझोर नहीं पाते और यदि तुम जीवन में कुछ कामयाबी भी अर्जित कर चुके हो तो ध्यान दो तुम्हारी कामयाबी में तुम्हारे परिश्रम से कहीं अधिक दूसरी चीजें जिम्मेदार हैं। साथ ही तब तक तुम्हें

स्वयं को भाग्यशाली समझना चाहिए या ईश्वर के प्रति शुक्रगुजार होना चाहिए, जब तक कोई कठिन विपत्ति तुम्हारे सामने खड़ी नहीं होती। क्योंकि इतना निश्चित है कि जिस दिन तुम्हें उनका सामना करना पड़ेगा, उस दिन तुम बुरी तरह पराजित होने वाले हो। साथ ही सही बात के पक्ष में खड़ा होना या किसी सन्दर्भ विशेष के लिए दृढ़ संकल्प बनाये रखना तुम्हारे बस का नहीं। ध्यान से देखो कभी 'यह' कभी 'वो' वाली प्रवृत्ति ही तुम्हारी विशेषता है। दरअसल दृढ़ इच्छाशक्ति तब तक तो जन्म ले ही नहीं सकती जब तक तुम अपने मन से स्वतन्त्र नहीं हो अर्थात् तुम्हारे मन पर कोई बोझ नहीं है, तुमने जान-बूझकर कभी किसी का बुरा नहीं किया है या तुमने सदैव अपने नैतिक चरित्र को ऊंचा नहीं रखा है।

मन की क्रियाओं पर नियन्त्रण

आप यह जान चुके हैं कि जब मन की क्रियाएँ, आकांक्षाएँ मनुष्य के अन्तर्मन से नियन्त्रित की जाती हैं, तब इस स्थिति में मन की क्रियाओं को तीव्र इच्छाशक्ति के रूप में जाना जाता है। मन चंचल होता है, पर जब उसकी चंचलता पर अन्तर्मन द्वारा लगाम लगायी जाती है, तब उत्पन्न होने वाली शक्ति स्वयं मन पर ही शासन करने लगती है अर्थात् दृढ़ इच्छाशक्ति का जन्म मन पर नियन्त्रण से ही सम्भव है। इसके लिए हमें अपने अन्तर्मन को सुनने की आवश्यकता है। अन्तत: दृढ़ इच्छाशक्ति मन पर इच्छित रूप में शासन करती है।

विवेक – अन्तर्मन के अतिरिक्त मनुष्य का विवेक भी लगभग यही कार्य करता है। क्या बिना कप्तान के नेतृत्व के एक पूर्णतया सक्षम जहाज भी अपनी मंजिल तक पहुँच सकता है? 'विवेक' मनुष्य रूपी जहाज का कप्तान कहा जा सकता है। बिना इसके प्रयोग के वह (मनुष्य) सही वस्तु का ही चुनाव करेगा, इसमें संशय है। सच तो यह है कि विवेक भी वही कार्य करता है, जो कार्य अन्तर्मन या अन्तत: दृढ़ इच्छाशक्ति करती है, पर फिर भी इन दोनों में एक प्रमुख अन्तर है।

विवेक	दृढ़ इच्छाशक्ति
1. मन द्वारा व्यक्ति की गयी इच्छाओं अर्थात् मन द्वारा उपलब्ध करायी गयी सम्भावनाओं में से सही का चुनाव करने में सहायक।	1. मन पर इच्छित रूप से शासन करती है।
2. अर्थात् विवेक को प्रत्यक्ष शासक नहीं कहा जा सकता।	2. दृढ़ इच्छाशक्ति प्रत्यक्ष शासक है।
3. कार्य को सही तरह से करने की भावना का द्योतक।	3. कार्य को किसी भी कीमत पर करना ही है।

विश्वास कीजिए मित्रों! यदि आप स्वयं में इस अद्भुत इच्छाशक्ति का विकास कर लेते हैं एवं अपने विवेक का इस्तेमाल करते हुए धीरे-धीरे कदम आगे बढ़ाते जाते हैं, तो आप कामयाबी के मनचाहे शिखर तक पहुँच सकते हैं।

दूसरों को आदेश देना लगभग हर किसी को आता है। खुद को आदेश देना और उसे पूरा करना बहुत कम लोग जानते हैं। संसार का निर्माण इसी छोटे वर्ग ने किया है, शेष तो बस जीवन गुजारते हैं।

दृढ़ इच्छाशक्ति किस प्रकार कार्य करती है

1. दृढ़ इच्छाशक्ति अनुशासन की जननी है। अनुशासन आत्मविश्वास का और आत्मविश्वास सफलता का।

2. ऐसे लोगों की जुझारू क्षमता आश्चर्यजनक होती है।

3. स्वामी विवेकानन्द कहते हैं कि जब हम एक पल को भी अपने मन पर नियन्त्रण नहीं रख सकते, तब हम खुद को किस प्रकार स्वतन्त्र कह सकते हैं, दृढ़ इच्छाशक्ति यही कार्य करने में सक्षम है।

4. कुछ यत्न से मन पर नियन्त्रण कीजिए। दृढ़ इच्छाशक्ति का जन्म होगा। अब आप इच्छित रूप से मन पर शासन कर सकते हैं।

5. यह आपके स्वप्नों को साकार और सिर्फ साकार करती है।

6. परिस्थितियाँ चाहें कितनी भी कठिन हों, आप पराजित नहीं हो सकते।

7. दरअसल दृढ़ इच्छाशक्ति मनुष्य जीवन के इस शाश्वत सत्य को आधार प्रदान करती है कि यदि मनुष्य पराजय न स्वीकार करके लगातार प्रयास करे, तो उसकी विजय निश्चित है।

दृढ़ इच्छाशक्ति बढ़ाने के उपाय

यद्यपि दृढ़ इच्छाशक्ति मनुष्य के अन्तःकरण की एक ऐसी शक्ति है, जिसका विकास थोड़े प्रयत्न के बाद ही किया जा सकता है। इसका किसी व्यक्ति में होना या न होना काफी हद तक उस व्यक्ति पर ही निर्भर करता है, लेकिन फिर भी कुछ तथ्यों को ध्यान में रखकर इसका विकास खुद में किया जा सकता है। तीव्र इच्छाशक्ति मुसीबतों के समय व्यक्ति को टूट जाने के बजाय उसे मजबूत एवं और मजबूत बना देती है। इसलिए प्रत्येक व्यक्ति के लिए यह आवश्यक हो जाता है कि वह खुद में इस शक्ति का विकास करे अर्थात् अपनी इच्छाशक्ति को मजबूत बनाये। यहाँ पर इच्छाशक्ति बढ़ाने के कुछ उपाय दिये जा रहे हैं।

(क) वैचारिक उपाय

1. आपको मन से यह स्वीकार कर लेना चाहिए कि मानव का स्वभाव सदैव विजय अर्जित करने वाला होता है। वह विजय चाहता है, सिर्फ विजय चाहता है, उसका जन्म सिर्फ जीतने के लिए हुआ है।

2. किसी भी लक्ष्य को प्राप्त करने में एक या दो प्रयासों के व्यर्थ चले जाने पर निराश हो जाने का सिर्फ एक ही अर्थ है कि आपने एक ऐसी निर्जीव वस्तु से स्वयं को पराजित माना है, जिसको कई दूसरे लोग विजित कर चुके हैं, कुछ करने जा रहे हैं और कुछ लोग भविष्य में ऐसा ही करेंगे, तो फिर आप क्यों नहीं?

3. कोई भी महत्त्वपूर्ण लक्ष्य प्राप्त करने में सिर्फ आपको ही नहीं, प्रत्येक व्यक्ति को प्रयास करने पड़ते हैं, असफलताएँ भी मिलती हैं। बस प्रश्न खुद को पराजित या योद्धा मानने भर का है।

4. याद रखिए, कोई भी व्यक्ति पूर्व से ही पराजित या योद्धा नहीं होता। इसके बारे में सिर्फ यही कहा जा सकता है कि क्योंकि आप स्वयं को पराजित या योद्धा मानते हैं, इसलिए आप पराजित या योद्धा हैं। दोनों ही बातें आपकी मानसिक कमजोरी या मानसिक मजबूती पर आधारित हैं।

5. कोई भी व्यक्ति अयोग्य नहीं होता। योग्यता किसी न किसी रूप में सभी के अन्दर होती है। हाँ यह अलग बात है कि असफलताओं के चलते आपने स्वयं को इतनी बार अयोग्य समझा है कि आज आप वास्तव में अयोग्य हो चले हैं।

6. एक लक्ष्य हो और उसे प्राप्त करने के लिए तीव्र इच्छाशक्ति एक मनुष्य के लिए इससे रोमांचक एवं चुनौतीपूर्ण कार्य कोई दूसरा नहीं हो सकता। एक लक्ष्यविहीन इनसान को आप क्या कहेंगे?

7. आपको विश्वास करना चाहिए कि किसी चुनौती पर विजय प्राप्त करने के बाद अर्जित प्रसन्नता ही मानव जीवन का सबसे बड़ा सुःख है, जो प्रत्येक व्यक्ति पर समान रूप से लागू होता है।

8. एक आसान जंग जीत जाना प्रत्येक व्यक्ति को आता है और एक मुश्किल जंग जीतने पर प्राप्त अद्भुत आनन्द की अनुभूति विजेता ही कर सकते हैं, स्वयं को पराजित मान लेने वाले कभी नहीं, **जबकि इस अद्भुत प्रसन्नता, सन्तुष्टि पर उनका भी बराबर का अधिकार है।**

9. ऊपर लिखी सभी पंक्तियों पर विचार करने के बाद आप स्वयं ही निर्णय

कीजिए कि क्या कमजोर इच्छाशक्ति का होना यह नहीं दरशाता **कि आप अपने अधिकारों से वंचित हैं।**

(ख) व्यावहारिक उपाय

1. यदि आप सही हैं, तो उस पर दृढ़ रहिए। अवसर मिलने पर उसे सही साबित करने से कभी मत चूकिए। बहुत से लोग सही होने पर भी और यह जानने पर भी बीच का रास्ता अपनाने में विश्वास रखते हैं। क्योंकि वे भूल जाते हैं कि जिस सही बात को सिद्ध न किया जा सके, तो उस बात का खुद उनके लिए भी सही होने का कोई अर्थ नहीं है। दरअसल वे लोग शीघ्रता से हार मानने की आदत का विकास कर रहे होते हैं।
2. बड़े कार्य रोज-रोज नहीं किये जाते। हाँ उन्हें पूर्ण करने की योग्यता प्रतिदिन छोटे-छोटे कार्यों को पूर्ण करने से ही हासिल की जाती है। कोई भी कार्य प्रारम्भ करने के बाद उसे पूर्ण करने की आदत का विकास कीजिए।
3. आप अपने लक्ष्यों को कलमबद्ध कर सकते हैं एवं जब भी अवसर मिले, उन पर एक सरसरी निगाह अवश्य डालिए।
4. अपने लक्ष्य के लिए स्वयं से ही मन ही मन दोहराइए कि "मुझे इसे हर हाल में हासिल करना है, चाहे कितना भी परिश्रम क्यों न करना पड़े।"
5. परिणामरहित प्रयास आपकी कामयाबी की इमारत में लगने वाली कुछ मजबूत ईंटों के अतिरिक्त और कुछ भी नहीं हैं।
6. एक लक्ष्य, कुछ योजनाएँ, कठोर परिश्रम और लक्ष्य को प्राप्त करने की तीव्र इच्छाशक्ति। व्यस्त रहने का इससे अच्छा दूसरा कोई उपाय नहीं है।

तो मित्रों! अपनी इच्छाशक्ति का विकास कीजिए। यह आपकी कामयाबी में एक बड़ी भूमिका निभा सकती है। वहीं बड़े एवं कठिन दिखने वाले लक्ष्य तो दृढ़ इच्छाशक्ति के बिना प्राप्त ही नहीं किये जा सकते। यह एक ऐसी शक्ति है, जिसके सम्मुख संसार की बड़ी से बड़ी कठिनाई का भी कोई मूल्य नहीं। मजबूत इच्छाशक्ति वाले लोग कभी, कहीं नहीं रूकते। **रुकते वही लोग हैं, जिनमें किसी लक्ष्य को प्राप्त करने की एक साधारण-सी इच्छाभर होती है। दृढ़ इच्छाशक्ति ही मनुष्य की विजय का सबसे बड़ा आधार है।**

दृढ़ इच्छाशक्ति की अवधारणा (Concept of Firm-determination)

दृढ़ इच्छाशक्ति का सम्बन्ध मनुष्य के मन से होता है।

मान लीजिए कि यह मनुष्य का मन है।

◆ मन, अच्छी या बुरी, किसी भी वस्तु की इच्छा कर सकता है, लेकिन जब हम कोई गलत कार्य करने जा रहे होते हैं, तो अन्दर से एक अनिच्छा का भाव जन्म लेता है। अनिच्छा का यह भाव हमारे अन्तर्मन से उपजता है।

◆ कोई भी व्यक्ति कितने भी गलत कार्य क्यों न करता हो, लेकिन वह गलत या सही को पहचानता अवश्य है।

◆ अर्थात् अन्तर्मन के भावों का निर्माण मनुष्य द्वारा सुनी गयी या देखी गयी अच्छी बातों से ही होता है।

◆ अकसर जब हम कोई गलत कार्य कर जाते हैं, तो स्वयं अपने ही अन्तर्द्वन्द्व से घिर जाते हैं। हमारा मन भटकने लगता है। कभी हम पछताते हैं, तो कभी उस गलत कार्य को मन ही मन सही सिद्ध करने का प्रयास करते हैं। स्पष्ट है कि ऐसी स्थिति में हमारा मन कभी बलवान नहीं हो सकता अर्थात्! हम कभी संकल्प नहीं कर सकते।

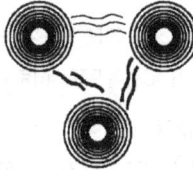
भटकता हुआ मन

◆ मन को मजबूत बनाने के लिए अर्थात् खुद के अन्दर दृढ़-इच्छाशक्ति को जन्म देने के लिए हमें अपने अन्तर्मन को सुनने की आवश्यकता है। तब हम किसी प्रकार के अन्तर्द्वन्द्व में नहीं फँसते। अच्छी बातें हमारे मन को दिन-प्रतिदिन मजबूत बनाती चली जाती हैं।

मन

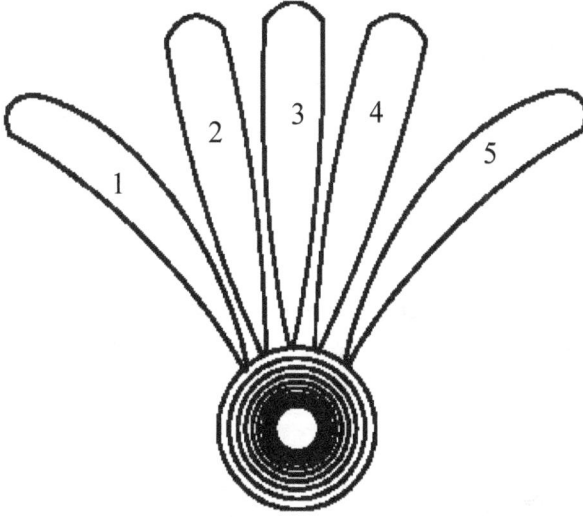

1. ये लोग सरलता से हार स्वीकार नहीं करते।

2. इनका सिर्फ लक्ष्य निश्चित होता है (आगे बढ़ना)। ये मार्गों की परवाह नहीं करते। हो सकता है कि इनके लक्ष्य को प्राप्त करने के लिए कोई विशेष मार्ग इनकी प्रवृत्तियों को सन्तुष्ट न करता हो। तब ये मार्ग बदल लेते हैं, लेकिन दिशा वही रखते हैं।

3. यदि आप मानते हैं कि किसी विशेष लक्ष्य को प्राप्त करने के लिए यही एक मार्ग है, तब उस मार्ग में परेशानियाँ आने पर आप अपना लक्ष्य ही बदल सकते हैं। हमें मार्गों से कहीं अधिक अपने लक्ष्य पर ध्यान देना चाहिए।

4. ये कभी किसी लक्ष्य की इच्छा नहीं करते। ये संकल्प करते हैं। या तो किसी कार्य में हाथ ही नहीं डालेंगे, पर यदि इन्होंने कार्य शुरू कर दिया, तो उसमें अपना समय 100 प्रतिशत देंगे। सफलता या असफलता कुछ भी हो। ये बार-बार प्रयास करते हैं, इनके अन्दर तीव्र इच्छा होती है। इसलिए ये कठिनाइयों से जूझते हैं अर्थात् जुझारू प्रवृत्ति के होते हैं।

5. ये कामयाब होने के लिए मार्ग बदलें या न बदलें लेकिन इनके मार्ग सदैव पवित्र ही होते हैं। क्योंकि इनका अन्तर्मन इन्हें गलत मार्ग पर जाने की इजाजत कभी नहीं देता।

❖ — ❖

अपनी बीजरूपी इच्छाशक्ति को विशाल वटवृक्ष का रूप दीजिए और फिर देखिए कि उसमें किस प्रकार कामयाबी के फल लगते हैं।

दृष्टिकोण
(ATTITUDE)

Attitude is the scale by measurement of which you can know that how far you may progress in your life and it's readings may be improved with help of fine thoughts.

> आगे बढ़ने की तीव्र इच्छाशक्ति अर्थात् दृढ़ इच्छाशक्ति सकारात्मक दृष्टिकोण को जन्म देती है।

किसी भी व्यक्ति का दृष्टिकोण ही उसकी सफलता के विस्तार का पैमाना है। उसका दृष्टिकोण ही इस बात का निर्धारण करता है कि वह अपने जीवन में कितनी ऊँचाई तक जा सकता है। नकारात्मक दृष्टिकोण कामयाबी की राह में एक बड़ी बाधा है। वहीं सकारात्मक दृष्टिकोण वाले लोगों के कार्य करने की शैली इतनी अनूठी होती है कि उन्हें सफल होने से नहीं रोका जा सकता। किसी एक ही लक्ष्य को प्राप्त करने के लिए अलग-अलग व्यक्ति अलग-अलग तरह से सोचते हैं, अलग-अलग योजनाएँ बनाते हैं। एक ही घटना को लेकर लोग भिन्न-भिन्न विचार व्यक्त करते हैं। ये छोटी-छोटी बातें आपके जीवन की बड़ी घटनाओं को निर्धारित करती हैं। किसी घटना को लेकर व्यक्त किये गये आपके विचार या किसी लक्ष्य को प्राप्त करने के लिए आप क्या योजनाएँ बनाते हैं, **यह आकस्मिक घटना नहीं है।** जैसा आपका दृष्टिकोण होता है, आप वैसा ही विचार करते हैं, अपने लक्ष्यों के लिए वैसी ही योजनाएँ बनाते हैं। आपके द्वारा बोली हुई कुछ पंक्तियाँ मात्र आपके दृष्टिकोण, आपके व्यक्तित्व के बारे में बहुत कुछ कह जाती हैं।

यदि तीन व्यक्तियों को एक ही मुसीबत में, एक ही विकट परिस्थिति में फँसाया जाये, तो यह बिल्कुल भी आवश्यक नहीं है कि तीनों व्यक्ति उनका सामना एक ही प्रकार से करेंगे। हाँ इतना निश्चित है कि उनकी प्रतिक्रिया उनके दृष्टिकोण से प्रभावित होगी। सकारात्मक दृष्टिकोण वाला व्यक्ति शीघ्रता से मुसीबत से बच निकलेगा जबकि नकारात्मक दृष्टिकोण वाले व्यक्ति के बारे में कुछ भी कहना मुश्किल है। सम्भावना तो इस बात की भी है कि वह मुसीबत से घबराकर हार ही मान बैठे।

मैं ज्यों-ज्यों बड़ा होता जाता हूँ, मुझे सबकुछ मानव के विचार करने के तरीके में ही नजर आता है। मुझे अनुभव होता है कि जीवन की जिन छोटी-छोटी घटनाओं पर हम ध्यान नहीं देते, उन्हीं घटनाओं में सफलता के बड़े-बड़े रहस्य छिपे हुए हैं।

सकारात्मक चिन्तन अत्यन्त आवश्यक है। नकारात्मक विचार व्यक्ति की क्षमताओं के लिए बन्धन के समान हैं। नकारात्मक विचार व्यक्ति के योग्य होने के बावजूद उसे यह भ्रम पालने को मजबूर कर देते हैं कि उसकी योग्यता तो बहुत अधिक सीमित है, संसार के अधिकांश कार्य तो उसके लिए बने ही नहीं हैं।

उस लड़के ने एक प्रतियोगी परीक्षा में भाग लिया था। वह भौतिक विज्ञान का बहुत ही अच्छा विद्यार्थी था। उसने दिल्ली विश्वविद्यालय से भौतिक विज्ञान में M.Sc. का कोर्स किया था और अब उसने जूनियर रिसर्च फेलोशिप (Junior Research Fellowship) की परीक्षा में भाग लिया था। परिणाम आने पर उसका चयन नहीं हुआ था। जब उसके एक मित्र ने उसे उसके परिणाम के बारे में बताया, तो उसने बेहद सहज भाव से कहा - ''गड़बड़ हो गयी, exam (परीक्षा) फिर से देना पड़ेगा।''

उस लड़के का नाम कापेंजोल वैश्य था और उसने अमेरिका के शिकागो में भौतिक विज्ञान से अपनी रिसर्च पूरी की।

आप क्या सोचते हैं? उसके इस जवाब में क्या छिपा हुआ है?

यह उस लड़के का दृष्टिकोण ही था, जिसने उसे आगे बढ़ने को प्रेरित किया। उसका ध्यान अपनी तात्कालिक असफलता से कहीं अधिक भविष्य में अपनी सफलता पर था। जो देर हुई थी, उसने उसे अपनी असफलता नहीं माना था। हो सकता था कि हम या आप अपनी असफलता के बारे में सुनकर बहुत अधिक परेशान हो उठते। **यह हमारा दृष्टिकोण होता।** सच यही है मित्रों! कि कामयाबी अर्जित करने के लिए आपको सकारात्मक दृष्टिकोण का विकास करना है, सकारात्मक विचारों से अपने मस्तिष्क को भरना है। आप सदैव उत्साहजनक विचार कीजिए। जो कार्य आप कर रहे हैं या करना चाहते हैं, उसके बारे में मन ही मन सुनिश्चित कीजिए कि आप उसे पूरा कर सकते हैं। अकसर आपमें से बहुत से लोग किसी कार्य विशेष को प्रारम्भ करने का साहस तक नहीं कर पाते, ऐसी स्थिति में आपका सफलता के लिए कामना करना भी अत्यन्त निन्दनीय है।

याद रखिए, कि इस संसार में कोई भी कार्य असम्भव नहीं है। कुछ भी सम्भव या असम्भव बनाने का आधार आपका दृष्टिकोण ही है। आप सभी जानते हैं कि एक ही परिस्थिति में पले-बढ़े दो लोगों के विचारों में भी भिन्नता पायी जाती है। दोनों ही साधारण व्यक्ति हैं, पर उनमें से कोई एक न केवल एक बड़ा लक्ष्य खुद के लिए निर्धारित कर लेता है, बल्कि परिश्रम करना भी प्रारम्भ कर देता है। वहीं दूसरा व्यक्ति उसी कार्य को असम्भव मानकर उसके बारे में विचार भी नहीं करना चाहता। ये उन दोनों लोगों के दृष्टिकोण ही तो हैं।

एक ही स्थान पर चार मित्र बैठे हुए हैं। वे सभी आपस में बातें कर रहे हैं। उनमें से एक बात-बात में कहता - ''हमारे सामने स्थित वृत्ताकार पार्क के दस चक्कर कौन लगा सकता है?''

एक कहता है - ''मैं चक्कर तो इसके इसके दस से अधिक भी लगा सकता हूँ, पर बेवजह स्वयं को क्यों शारीरिक कष्ट दूँ?''

दूसरा कहता है - ''पाँच चक्कर भी लगाना मेरे वश का नहीं है।''

तीसरा कहता है - ''मैं दस चक्कर लगाकर दिखाऊँ?''

प्रश्नकर्ता मित्र व्यंग्य से कहता है - ''हाँ तुमने लगा लिए।''

अन्ततः तीसरा मित्र पार्क में जाता है और दस चक्कर लगाकर ही दम लेता है।

ध्यान देने योग्य बात यह है कि दस चक्कर तो चारों ही मित्र लगा सकते थे। बस यह उनके द्वारा चुनौती स्वीकार करना या न स्वीकार करने वाली बात थी।

आपमें से कुछ लोगों के साथ इस प्रकार की घटनाएँ अवश्य ही घटित हुई होंगी। प्रश्न केवल इस एक घटना का नहीं है। समस्या का प्रारम्भ तो तब होता है, जबकि जीवन की बहुत-सी छोटी-छोटी बातों में जबकि हमें एक छोटी ही सही, पर एक चुनौती पर विजय प्राप्त करके प्रसन्नता अर्जित करने का अवसर मिलता है और हम उसे गवाँ देते हैं। ध्यान दीजिए, चार लोग बैठे हुए हैं, लेकिन उठकर केवल एक जाता है। हम इस पर ध्यान भी नहीं देते। कामयाबी या नाकामयाबी की बात न भी की जाये, तो भी यह घटना चारों मित्रों के भिन्न दृष्टिकोणों का एक सर्वसुलभ उदाहरण है।

तुम्हें यह जान लेना चाहिए कि प्रसन्नता और जोश अर्जित करने योग्य घटनायें तुम्हारे जीवन में रोज-रोज घटित नहीं होंती। यह महत्त्वपूर्ण काम तो तुम्हारा दृष्टिकोण ही कर सकता है जबकि तुम प्रतिदिन छोटी घटनाओं में भी खुद के लिए प्रसन्नता खोज सकते हो। इस प्रकार खुद के अन्दर इतना जोश सदैव बनाये रख सकते हो जबकि तुम्हें किसी बड़ी चुनौती का सामना करना है और तुम ऐसा कर सको।

इसलिए मित्रों! अपने दृष्टिकोण को सकारात्मक बनाइए, सदैव उत्साहजनक सोचिए। विश्वास कीजिए, आपका सकारात्मक दृष्टिकोण आपमें इतनी ऊर्जा, इतना साहस, इतना आत्मविश्वास, इतनी दृढ़ता भर सकने में सक्षम है कि कामयाबी तो महज आपके हाथों का खेल बनकर रह जायेगी। आप अपने विचारों का मूल्यांकन कीजिए और यह जाँचने का प्रयास कीजिए कि कहीं आपके मुख से अधिकांश ऐसी बातें तो नहीं निकलती, जो आपके नकारात्मक दृष्टिकोण की द्योतक हों।

एक बार एक लेखक की एक कृति प्रकाशित हुई। कुछ समय पश्चात् उसका एक मित्र उसके पास आया और पुस्तक को देखकर कहने लगा - ''काफी अच्छे ढंग से प्रकाशित किया गया है, कवर बहुत अच्छा है, पेज भी मोटा है, ''मित्र मेरी बधाई स्वीकार करो।'' कुछ समय बाद एक दूसरा मित्र उसके पास आया और बोला- ''बाकी सब तो ठीक है, लेकिन पुस्तक का पेज चिकना नहीं है।''

ध्यान दीजिए, जो दूसरा मित्र है, कहीं न कहीं उसके नकारात्मक दृष्टिकोण का स्वामी होने की सम्भावना अवश्य है। सबसे चिन्ताजनक बात तो यह है कि वह स्वयं इस बारे में नहीं जानता, वह स्वयं ही अनभिज्ञ है। उसने तो पहले मित्र की भाँति, पुस्तक का खुद के अनुसार विश्लेषण भर किया है। वह अपने दृष्टिकोण के चलते होने वाली छोटी-छोटी हानियाँ सहन करता जाता है और उसे अपनी भूल के कारण भी कभी पता नहीं लग पाते।

उसी लेखक के पास एक तीसरा मित्र आता है और पुस्तक को अन्दर से खोलकर कुछ पृष्ठों के अध्ययन के बाद कहता है - ''पुस्तक तो काफी अच्छी लिखी गयी है, पर क्या तुमने कहीं से नकल की है?''

प्रश्न यह नहीं है कि उसने ये शब्द गम्भीरता से कहे या मजाक में। **पर यदि उसने ये शब्द मजाक में भी कहे हैं, तब भी उसे यही शब्द क्यों सूझे?** यह व्यक्ति दूसरों का उपहास करने में माहिर है। ऐसे व्यक्ति किसी भी दूसरे व्यक्ति या वस्तु में सदैव किसी कमी की तलाश करते हैं या उसके नकारात्मक पक्ष पर सर्वाधिक ध्यान देते हैं। परिणाम यह है कि वे स्वयं ही दुर्भाग्यशाली होते हैं। खुद उन्हें इस बात का ज्ञान नहीं होता कि उनका यह दृष्टिकोण जीवन के किसी अति महत्त्वपूर्ण मोड़ पर उनसे कोई बड़ी भूल करवा सकता है। वस्तुत: वे खुद की कमियों से परिचित तक नहीं होते। ऐसा तो कहना उचित नहीं कि वे अपने जीवन में कुछ भी हासिल न कर पायेंगे, लेकिन एक ऐसी गौरवपूर्ण सफलता जो मनुष्य की आत्मसन्तुष्टि, सम्मान एवं प्रत्येक इच्छित वस्तु की प्राप्ति की वाहक बने, उससे सकारात्मक दृष्टिकोण एवं आन्तरिक सौन्दर्य की माँग करती है।

दो भाई रात्रि के बारह बजे अपने घर की छत पर टहल रहे थे। अचानक उनके पिता जी ऊपर आये और दोनों से प्रश्न किया - ''तुम ऊपर आसमान में क्या देखते हो?''

एक ने कहा - ''घनघोर अन्धकार है।''

दूसरे ने कहा - ''तारे चमकते हैं।''

फैसला आपको करना है कि यदि आप होते तो क्या कहते? और आपके शब्दों का सांकेतिक अर्थ क्या हो सकता था? ये जीवन की छोटी-छोटी एवं सहज बातें हैं, जो आपके साथ अकसर घटित होती रहती हैं। प्रत्यक्ष में इनका आपकी सफलता से कोई लेना-देना नहीं है, पर हाँ, ये छोटी-छोटी बातें ही चुपचाप आपके दृष्टिकोण के बारे में बहुत कुछ कह जाती हैं। जीवन में कामयाबी हासिल करने के लिए क्षमताओं की जिस इमारत की आवश्यकता है, आपका दृष्टिकोण उसी इमारत की नींव बनता है। विश्वास कीजिए, इस संसार में इनसान के लिए कुछ भी असम्भव नहीं है, कोई भी लक्ष्य अप्राप्य नहीं है। इसलिए बहुत ही अफसोस की बात है कि आपमें से कुछ लोग किसी भी लक्ष्य को एकदम से अप्राप्य मान बैठते हैं, पर यह सिर्फ एक भ्रम है। आप प्रयत्न तो कीजिए, सफलता आपके कदम अवश्य ही चूमेगी। यह तो हो सकता है कि आपके कुछ प्रयास परिणामरहित चले जायें, पर यह कोई चिन्ता वाली बात नहीं है।

शायद तुम भूल चुके हो जब बचपन में तुमने चलना सीखा था, तब भी तुम कई बार गिरे थे, जब तुमने बोलना सीखा था, तुम्हारी जुबान बार–बार लड़खड़ाई थी। क्या तुम्हें याद है कि जब तुमने पहली बार हिन्दी या अंग्रेजी या किसी अन्य भाषा की वर्णमाला को लिखना सीखना प्रारम्भ किया था, तो तुम कैसी अजीब–अजीब सी आकृतियां बना देते थे। यह तो प्रकृति का नियम है। इससे घबराना कैसा? यदि तुम कुछ पाना ही चाहते हो तो प्रयास करो, बार–बार करो और तब तक करो जब तक कि तुम कामयाब न हो जाओ।

सकारात्मक दृष्टिकोण आपकी जिन्दगी बदल सकता है। बाधाएँ चाहें कितनी भी क्यों न हो, कितनी भी कठिन क्यों न हों, पर आप खुद को कभी भी पराजित महसूस न कीजिए। आपका सकारात्मक दृष्टिकोण ही आपको साहस देगा और आप बार-बार यही विचार करने को विवश होंगे कि आज नहीं तो कल मैं इसे हासिल करके ही रहूँगा। तब आप निश्चित रूप से सफलता प्राप्त करके रहेंगे। जहाँ तक आपकी कामयाबी का प्रश्न है, तो आप सर्वशक्तिमान हैं। तो बस चलते रहिए, रुकने का नाम मत लीजिए। मस्तिष्क में कुछ शब्द संकलित कर लीजिए - "मैं ही ऐसा करूँगा" एवं भूल जाइए- "कहीं ऐसा न हुआ तो?" **कभी-कभी जिन्दगी बेहद क्रूर हो जाती है। कोई रास्ता नजर नहीं आता। हमारा विश्वास टूटने लगता है। पर फिर भी हमें खुद को सम्हालना होगा। क्योंकि हमारा काम कोई दूसरा व्यक्ति करने नहीं आ सकता। धैर्य रखिए। नियति ने आपके लिए कुछ बेहतर अवश्य छिपा रखा है।**

कामयाबी आवश्यक है। यदि आप कामयाब नहीं है, तो बहुत–सी प्यारी चीजें खो जाती हैं और आप तड़पते रह जाते हैं। जो लोग तड़प चुके हैं, उन्हें जाने दीजिए लेकिन आप तो समझिए कि यह आवश्यक है। संसार तब तक आपको नहीं समझ सकता, जब तक आप कामयाब नहीं हैं। यद्यपि यह उचित नहीं कहा जा सकता, लेकिन क्या किया जा सकता है, यही मनुष्य जीवन का सच है। इसे स्वीकार कीजिए और अपने दृष्टिकोण को सकारात्मक बना लीजिए। आप ऐसा कर सकते हैं, रास्ता आपको बताया जायेगा। यही है सफल होने का वह मूलमन्त्र, जिसके चलते संसार में करोड़ों लोग सफलता का सु:ख भोग रहे हैं। वास्तव में सफल होना व विजयी होने में बहुत बड़ा अन्तर है। विजय 'सेट' है जबकि सफलता सिर्फ 'सबसेट' है। सफल तो कोई भी हो सकता है, पर विजय हासिल करने के लिए आपको मजबूत बनना आवश्यक होता है। महान् लोग प्राय: सफलता के पीछे नहीं, विजय के पीछे भागते हैं। आप भी ऐसा कर सकते हैं। सर्वप्रथम अपनी कमजोरियाँ पहचानिए। यदि आप एक स्वस्थ दृष्टिकोण के मालिक नहीं हैं, तो उसका विकास कीजिए। अपनी कमियों पर विजय पाकर उन्हें अपनी ताकत बनाइए। फिर आप देखेंगे कि आप दिन पर दिन शक्तिशाली होते जा रहे हैं और आपको अपने लक्ष्य नजदीक नजर आने लगे हैं और विश्वास मानिए, देखते ही देखते आप खुद को सफल व्यक्तित्वों की श्रेणी में पायेंगे। **सफलता आवश्यक है मित्रों! प्रयास कीजिए, अथक प्रयास कीजिए।**

दृष्टिकोण का विकास
मन में घटनाओं के घटित होने की अवधारणा
(Concept of Occurence of Events in the Soul)

किसी भी व्यक्ति के दृष्टिकोण का विकास खुद उससे प्रारम्भ होता है, उसके आस-पास से प्रारम्भ होता है, उसके कमरे या घर से प्रारम्भ होता है और उस वातावरण से प्रारम्भ होता है, जिसमें वह रहता है। मनुष्य के दृष्टिकोण के विकास की प्रक्रिया महज कुछ दिनों, कुछ महीनों या कुछ वर्षों तक चलने वाली नहीं है। यह प्रक्रिया तो उसके बचपन से ही प्रारम्भ हो जाती है। लेकिन यहाँ पर हम उसके दृष्टिकोण की चर्चा करेंगे। जब व्यक्ति उम्र के एक मुकाम को पार कर चुका होता है, अर्थात् उस समय उसके उत्तम दृष्टिकोण का विकास किस प्रकार सम्भव है? उसमें क्या सुधार हो सकता है? या उसे किस प्रकार पहले से भी अच्छा बनाया जा सकता है?

क्या आपने कभी एक साधारण तथ्य पर विचार किया है? जब आपको प्यास का अनुभव होता है, तो आपको जल की तलाश होती है। जब आपको भूख का एहसास होता है, तो आप भोजन की तलाश करते हैं। 'भूख' और 'प्यास' हमारे शरीर की आवश्यकताएँ हैं और जिन्हें हम पूरा करते हैं। देखने में यह बहुत छोटी-सी बात है, पर इसे दूसरे शब्दों में कहने से कुछ बड़े निष्कर्ष निकलते हैं।

अर्थात् जब आपके मन में **प्यास घटित होती है,** तो आप जल की तलाश करते हैं। और जब आपके मन में **भूख घटित होती है,** तो आप भोजन की तलाश करते हैं।

1. **क्या आपने कभी लूडो खेला है?** मान लीजिए कि आप अपने मित्र के साथ लूडो खेल रहे हैं। आप हारना नहीं चाहते, लेकिन आप हार रहे हैं। जिस पासे से आप लूडो खेल रहे हैं, उसमें तीन का अंक बहुत गिरता है। लेकिन जब आप हार रहे होते हैं, तो आवश्यकता पड़ने पर भी अकसर तीन का अंक तक आपके पक्ष में नहीं गिरता। दरअसल हार की स्थिति में अन्दर ही अन्दर आपको एक भय सताता रहता है कि कहीं यह गेम भी हार गया तो? अर्थात् आपके मन में **हार घटित हो रही है** और जिसका परिणाम आपको मिलता भी है। क्या आपने कभी अनुभव किया है? जब आप जीत रहे होते हैं, तो उस समय आपके मन में विजय का उत्साह होता है अर्थात् आपके मन में **विजय घटित हो रही होती है** और आपने देखा होगा कि अकसर आपको जिस अंक की आवश्यकता होती है, वही गिरता है।

2. **क्या आपने कभी कोई इच्छित कामयाबी अर्जित की है?** यदि हाँ तो आपने एहसास किया होगा कि कामयाबी पहले **आपके मन में घटित होती है।** अर्थात् जब आप पूरे विश्वास के साथ परिश्रम कर रहे होते हैं, सब कुछ सही जा रहा होता है। तब स्वत: ही आपके अन्दर उत्साह का सृजन होता है। आपको अनुभव होता है कि अब सफलता दूर नहीं है। तभी आप कामयाब

होते हैं। पर जब आपको अपने अन्दर अपनी कामयाबी को लेकर कोई संशय है अर्थात् आपके अन्त:करण में उत्साह नहीं, नाकामयाबी का भय है, तब अधिकतर आप नाकामयाब ही होते हैं।

3. क्या बचपन में आप कभी किसी पतली दीवार पर दौड़े हैं? जब आपको यह भय सताता है कि कहीं गिर गया तो? उस स्थिति में शरीर में कम्पन होने लगता है और गिरने की सम्भावनाएँ बढ़ जाती हैं।

4. जब आप किसी कार्य विशेष के लिए अपने किसी मित्र से शर्त लगाते हैं और जब आपके मन में उस कार्य को करते समय नकारात्मक विचार उठते हैं, तो अकसर आपका परिणाम भी नकारात्मक ही होता है।

5. अर्थात् आप जब जैसा विचार करते हैं, वैसा ही आप पाते हैं। किसी कार्य को लेकर आपके मन में जैसे विचार उठ रहे होते हैं अर्थात् आपके मन में जो भी घटित हो रहा है, वही आप पाते हैं।

तुम निश्चित जान लो कि यदि तुम कामयाब होना चाहते हो तो पहले कामयाबी अपने मन में घटित कराओ। अर्थात् परिश्रम करो और उत्साहजनक सोचो। याद रखो जब तुम्हारे मन में "भूख" घटित होती है तब तुम भोजन की तलाश करते हो, जल की नहीं। ठीक इसी प्रकार जब किसी लक्ष्य को लेकर तुम्हारे मन में असफलता का भय या संशय है तो तुम परिश्रम अवश्य कर रहे हो, कामयाब होने के लिए ही कर रहे हो। लेकिन सच तो यह है कि तुम असफलता की तलाश कर रहे हो, भय की तलाश कर रहे हो, तुम संशय की तलाश कर रहे हो। यह तो तुम्हारा भ्रम है कि तुम कामयाबी के लिए प्रयास कर रहे हो। याद रखो जो तुम्हारे मन में घटित हो रहा है, तुम्हें वही मिलेगा अर्थात् अन्जाने में ही तुम उसी की तलाश कर रहे हो।

आपका दृष्टिकोण

मन में घटनाओं के घटित होने की अवधारणा (Concept of Occurence of Events in the Soul) मनुष्य के दृष्टिकोण से किस प्रकार सम्बन्धित है, अब हम इस पर चर्चा करेंगे।

जिस जगह या जिस समाज में आप रहते हैं, वहाँ कुछ दूसरे लोग भी रहते हैं जिनसे आप लगभग रोज ही मिलते हैं। दूसरे लोगों के प्रति आपका व्यवहार कैसा है? अपने आस-पास के वातावरण या विभिन्न चीजों के प्रति आप क्या सोचते हैं? वे बाह्य घटनाएँ जिन्हें आप प्रतिदिन देखते हैं, उनके बारे में आप किस प्रकार विचार करते हैं, आपके दृष्टिकोण का बनना बहुत कुछ इन्हीं बातों पर निर्भर करता है। यदि दूसरे लोगों की कामयाबी को देखकर आपको प्रसन्नता होती है, तो परिश्रम करते रहिए। आप एक रोज अवश्य कामयाब होंगे, क्योंकि आपके मन में **कामयाबी घटित हो रही है।** आप कामयाबी की ही तलाश कर रहे हैं। पर यदि आपको दूसरों की खुशी देखकर दु:ख होता है, तो परिश्रम करने पर आपको छोटी-मोटी कामयाबी मिल जाना एक अलग बात

है, लेकिन सच्चे अर्थों में आप नाकामयाबी की तलाश कर रहे हैं। आप अपने जीवन में दूसरों से अधिक कामयाब हैं, यह बहुत अच्छी बात है, लेकिन यदि आपके अन्दर अभिमान की भावना भरी हुई है या आप दूसरों को उपेक्षा की दृष्टि से देखते हैं, तो याद रखिए यह नजरिया आपके विकास में बाधक बन सकता है।

1. यदि आपको दूसरों की आलोचना में बहुत अधिक आनन्द आता है, तो आपके मन में ''आलोचना'' घटित हो रही है। आपको आलोचना की ही तलाश है और वह आपको मिलेगी।

2. यदि आपको दूसरों से ईर्ष्या होती है, तो आपके मन में ''ईर्ष्या'' घटित हो रही है। याद रखिए इन भावों का जन्म जहाँ होता है, इनका प्रभाव भी वहीं पड़ता है। इनका काम मनुष्य को जलाना है। किस मनुष्य को जलाना है, यह प्रश्न भी कहाँ है? जहाँ ऐसे भाव जन्म लेते हैं, वहीं अपना काम करते हैं।

3. आप दूसरों से जब भी मिलते हैं, प्रेम से मिलते हैं। सच्ची प्रसन्नता व्यक्त करते हैं। आपके मन में ''प्रसन्नता'' घटित हो रही है।

4. आप विभिन्न वस्तुओं या घटनाओं के नकारात्मक पक्ष पर सर्वाधिक ध्यान देते हैं। आपके मन में ''नकारात्मक चीजें'' घटित हो रही हैं। आप प्रत्येक अच्छी या उत्साहजनक बात के प्रत्युत्तर में कुछ न कुछ नकारात्मक अवश्य बोलते हैं।

5. पढ़ते समय थोड़ी-सी आवाज पर भी आप डिस्टर्ब हो जाते हैं।

   (क) आपका ध्यान पढ़ाई में नहीं है।

   (ख) आपके मन में "disturbence" (व्यवधान) घटित हो रहा है। आपको इसी की तलाश है। कोई छोटी-सी घटना भी यदि घटित होती है, तो सबसे पहले उसपर आपका ही ध्यान जाता है। दरअसल आप इस प्रकार की घटनाओं को महसूस ही नहीं करते, उन्हें खोजते हैं।

6. **छोटी-छोटी मुसीबतें** भी आपको सरलता से बहुत अधिक परेशान कर देती हैं।

   (क) आप अभी परिपक्व (Mature) नहीं हो पाये हैं।

   (ख) आपके मन में ''परेशानियाँ'' घटित हो रही हैं। आपको परेशानियों की ही तलाश है। थोड़ा-सा भी कहीं कुछ घटित हुआ नहीं कि आपका ध्यान सबसे पहले वहीं जाता है।

7. यदि आप अपनी अनुपस्थिति में भी अपने कमरे की लाइट जलती हुई छोड़ देते हैं या नल खुला हुआ है, जल बर्बाद हो रहा है, तब भी आप पर कोई फर्क नहीं पड़ता, तो आपको अपने बारे में थोड़ा सोचने की आवश्यकता है। यद्यपि केवल इस आधार पर आपके दृष्टिकोण के बारे में कोई गम्भीर कमेण्ट (टिप्पणी) नहीं किया जा सकता। पर यह जिम्मेदारी का एहसास है,जो व्यक्ति के अन्दर से आ जाता है। इसका जनक उसका स्वस्थ दृष्टिकोण ही है।

8. कभी-कभी काम की अधिकता भी व्यवस्था बनाये रखने में मुश्किलें खड़ी कर देती हैं। इस सन्दर्भ में अव्यवस्था होना एक अलग बात है, लेकिन यदि आपका जीवन अव्यवस्थित है अर्थात् आपके पास न तो कोई उचित लक्ष्य है और न ही आप सही दिशा में प्रयास कर पा रहे हैं। ध्यान दीजिए, आपके चारों तरफ अव्यवस्था ही अव्यवस्था है।

याद रखो एक स्वस्थ दृष्टिकोण सिर्फ इस बात पर निर्भर नहीं करता कि तुम अपने बारे में, अपने लक्ष्य के बारे में सदैव अच्छा ही सोचते हो। यह इस बात पर भी निर्भर करता है कि या तो दूसरों के बारे में सोचो ही मत लेकिन जब भी सोचो तो अच्छा ही सोचो। सच तो यह है कि यदि तुम ऐसा नहीं करते हो तो चाहे कितनी भी कोशिश कर लो, तुम खुद अपने बारे में, अपने लक्ष्य के बारे में भी अच्छा नहीं सोच सकते। हां भ्रम का शिकार होना एक अलग बात है। अकारण किसी की आलोचना करना, उसकी असफलता पर प्रसन्न होना या उसकी असफलता की कामना करना, तुम्हारा दृष्टिकोण तो दिखाता ही है और साथ ही तुम्हारे दृष्टिकोण का विकास धीरे-धीरे यहीं से होता है अर्थात् तुम्हारी यही प्रवृत्ति तुम्हारे दृष्टिकोण की जनक भी है और तुम्हारा दृष्टिकोण दिखाती भी है। इसलिए सदैव अच्छा सोचो, अच्छा देखो, अच्छा करो। छोटी-छोटी बातों पर ध्यान मत दो और इस प्रकार तुम परिश्रम करते रहो। तुम देखोगे कि तुम्हारा दृष्टिकोण और तुम्हारा परिश्रम एक रोज तुम्हारी सफलता में बदल जायेगा।

इसलिए मित्रों! अपनी सफलता के लिए प्रयास कीजिए, पर दूसरों की सफलता पर भी प्रसन्न होना सीख लीजिए अर्थात् आप सफलता की तलाश कर रहे हैं। बहुत से लोग राह चलते किसी भी व्यक्ति के बारे में अनुचित शब्द बोलने के विशेष शौकीन होते हैं। सोचिए, वे खुद को क्या दे रहे हैं? सबसे बड़ी बात तो यह है कि उनका ध्यान दूसरों पर जाता ही क्यों है? सभी लोग तो ऐसा नहीं सोचते। **यह दृष्टिकोण वाली बात है।**

आपका दृष्टिकोण ऐसा है, इसलिए आप निरर्थक बातों पर ध्यान देते हैं और क्योंकि अपने निरर्थक बातों पर ध्यान दिया था, इसलिए आपका दृष्टिकोण ऐसा है।

अर्थात् जब भी सोचिए, अच्छा सोचिए। अच्छा कीजिए, अच्छा देखिए। दूसरों की योग्यता के अनुसार उनकी प्रशंसा करने से मत चूकिए एवं स्वयं भी ऐसे कार्य कीजिए कि दूसरे लोग आपकी प्रशंसा करने को विवश हों। दूसरों से जब भी मिलिए, प्रेम से मिलिए, उत्साह से मिलिए और प्रसन्नता से मिलिए। अपना परिश्रम जारी रखिए और बस चलते रहिए।

नकारात्मक दृष्टिकोण की पहचान

नकारात्मक दृष्टिकोण व्यक्ति के लिए नुकसानदायक है। ऐसे लोग अपने नकारात्मक दृष्टिकोण के चलते हानियाँ सहन करते जाते हैं। उन्हें स्वयं अपनी ही कमी के बारे

में पता नहीं होता। नाकामयाब होने पर वे यही विचार करते रहते हैं कि आखिर मुझसे त्रुटि कहाँ पर हुई?

वहीं सकारात्मक दृष्टिकोण वाले लोगों के विचार उत्तम, उनकी योजनाएँ प्रभावी एवं किसी भी वस्तु या घटना को देखने का उनका दृष्टिकोण सर्वोत्तम होता है। पर ऐसा कभी नहीं होता कि वे इसके लिए कोई अतिरिक्त प्रयास करते हैं। ये चीजें उनके अन्दर से ही आती हैं। यह उनका स्वभाव होता है।

ठीक यही नकारात्मक दृष्टिकोण वाले लोगों के साथ होता है। वे तो बस किसी घटना या वस्तु को देखकर अपने विचार प्रस्तुत करते हैं और उनके विचार स्वाभाविक रूप से कमजोर आधार लिये हुए होते हैं। पर उन्हें न तो इस बात का एहसास होता है और न ही वे इस तरफ ध्यान देते हैं।

जो सूची यहाँ पर दी जा रही है, वह इसलिए नहीं है कि आप इसके आधार पर खुद के अच्छे या बुरे, योग्य या अयोग्य होने का निर्णय करें। आपको केवल अपनी कमी पहचानकर, यदि वे हैं, उन्हें दूर करना है और अपने दृष्टिकोण को पहले से भी कहीं अधिक उत्तम बनाना है।

1. किसी भी व्यक्ति की सफलता के बारे में सुनकर कोई ऐसी बात अवश्य कहेंगे, जिसके माध्यम से वे उस व्यक्ति की कामयाबी को कम आँकने का प्रयास कर रहे होते हैं।
2. ये लोग सदैव कमियाँ निकालने का प्रयास एवं दूसरों की आलोचना के अवसरों की तलाश करते हैं।
3. इनकी कामयाबी का पैमाना स्वयं इनके प्रयास नहीं, दूसरे की असफलताएँ होती हैं।
4. यदि इनसे कहा जाये कि कोई विशेष कार्य आप कर सकते हैं क्या? तो ये कहेंगे, इसमें क्या है? लेकिन..........।
5. इनके मुख से सदैव निराशा भरी बातें ही सुनी जा सकती हैं। इन्हें प्रत्येक कार्य में कम से कम एक कठिनाई अवश्य नजर आती है।
6. इन्हें पहल करने की आदत नहीं होती। ये सदैव अच्छी घटनाओं का अपने पक्ष में घटित होने का इन्तजार करते रहते हैं। इसका प्रमुख कारण यह होता है कि इनमें आत्मविश्वास नहीं होता।
7. छोटे लक्ष्य बनाना इस प्ररिपेक्ष्य में कोई गलत बात नहीं होती, यदि व्यक्ति में आत्मसन्तोष की भावना है। यदि वह प्रसन्न है, तो निःसन्देह अपने जीवन में कामयाब है। पर नकारात्मक दृष्टिकोण वाले लोग अपनी क्षमताओं के बारे में जानते ही नहीं। न तो उनमें कोई बड़ा कार्य करने की इच्छा होती है और न ही वे कभी इस पर विचार करते हैं। उनके लक्ष्य अप्रत्याशित रूप से छोटे ही होते हैं।

8. कुछ नकारात्मक दृष्टिकोण वाले लोगों में आगे बढ़ने की इच्छा तो होती है और उनके लक्ष्य भी बड़े होते हैं, लेकिन अपने दृष्टिकोण के चलते आत्मविश्वास न होने के कारण ये बार-बार असफल होते हैं।

9. ये किसी भी कार्य को करने का विचार भर करते हैं अर्थात् स्वयं को आजमाकर देखने की प्रवृत्ति होती है। ये संकल्प कभी नहीं करते। दूसरे शब्दों में संकल्प-शक्ति का अभाव होता है।

10. इन्हें आप किसी नयी जगह पर ले जाकर खड़ा कर दीजिए। सबसे पहले इन्हें वहाँ की परेशानियाँ दिखेंगी। ये अधिकांश परेशानियों की बातें करते हैं और शिकायतें बहुत करते हैं।

11. ये लोग सोचते हैं कि ये बहुत व्यावहारिक हैं। दुनिया को इनसे अच्छा कोई नहीं समझता, क्योंकि इन्हें प्रत्येक कार्य के करने में आने वाली सभी कठिनाइयों के बारे में अच्छी जानकारी होती है।

12. यदि कोई व्यक्ति इनके सामने बड़ी बात या जोशभरी साहसिक बातें कहता है, तो इन्हें ऐसे लोग बेवकूफ लगते हैं।

13. इन लोगों के पास सदैव काम न करने का कोई बहाना होता है।

14. ये किसी भी व्यक्ति या वस्तु के उज्ज्वल पक्ष पर ध्यान नहीं देते। इनका ध्यान सदैव उनके दुर्बल पक्ष की ओर जाता है।

15. दूसरों की चर्चा करना और उनकी कमियाँ बताना इनका शौक होता है। दरअसल ये लोग अपने साथ-साथ दूसरों का जीवन भी जीना चाहते हैं।

16. इनकी बातें 'अगर', 'मगर' से प्रारम्भ होती हैं और अधिकतर ये 'लेकिन' शब्द का प्रयोग किसी भी कार्य की कठिनाई बताने में सहजता से करते हैं।

17. इनके पास ऐसे उदाहरणों की भरमार रहती है, जबकि किसी व्यक्ति ने पर्याप्त परिश्रम के बावजूद कामयाबी अर्जित नहीं कर पायी। असफल एवं निराश लोगों की एक लम्बी सूची इनके पास होती है।

18. किसी भी कार्य को करने का प्रयास करते समय इन्हें असफल होने का सदैव डर बना रहता है।

19. अच्छी घटनाओं पर भी बुरे कमेण्ट्स करना इनकी आदत होती है। दरअसल ये तब तक किसी बात को सुनना पसन्द नहीं करते, जब तक कि ये उसके सन्दर्भ में कोई नकारात्मक बात न कह सकें।

20. आप इन्हें अकसर अपनी किस्मत को कोसते या ईश्वर से शिकायत करते देख सकते हैं।

21. ऐसे लोग अकसर अकारण ही खुद को बहादुर साबित करने का प्रयास करते हैं। बहादुर लोग बोलते नहीं, सही अवसर पर काम करके दिखाते हैं।

इस सूची में नकारात्मक दृष्टिकोण वाले लोगों की कुछ पहचान करायी गयी है। आपको सिर्फ अपनी कमियाँ, यदि हैं, तो तलाशकर उन्हें दूर करने का प्रयास भर करना है। आपको इस बात का स्पष्ट ज्ञान होना चाहिए कि किसी भी व्यक्ति के दृष्टिकोण का विकास उसके बचपन से ही होना प्रारम्भ हो जाता है। इसके लिए कुछ ऐसी बाह्य घटनाएँ भी जिम्मेदार होती हैं, जिन्हें वह केवल देखता है, उनका प्रत्यक्ष जिम्मेदार नहीं होता। कुछ लोगों के साथ बचपन में घटी कोई अप्रिय घटना इतनी बड़ी भूमिका निभाती है कि या तो उनका जीवन सही दिशा में चल पड़ता है या गलत दिशा में।

इसलिए यदि आपको अपने दृष्टिकोण के नकारात्मक होने की आहट सुनायी पड़ती है, तो इसमें स्वयं को दोषी मानकर कोई नुकसानदायक या हीनभावना से ग्रस्त विचार मन में लाने की आवश्यकता नहीं है। यदि आप एक कामयाब जीवन का सु:ख भोगना चाहते हैं, तो आवश्यकता सिर्फ अपनी कमियों को दूर करने की है। नकारात्मक दृष्टिकोण का होना तो किसी के भी साथ घटित हो सकता है। आपका दोष सिर्फ इतना हो सकता है कि आप दुर्भाग्यशाली थे, जो बचपन में आपको विकास करने के लिए उचित माहौल नहीं मिला था। पर अभी भी क्या बिगड़ा है? आपको सिर्फ उम्र के किसी भी मुकाम पर अपने विचारों, अपनी प्रवृत्तियों के प्रति एवं अन्ततः अपने दृष्टिकोण के प्रति सजग रहने की आवश्यकता है।

तुम क्या सोचते हो कि तुम्हारा नजरिया अर्थात् दृष्टिकोण सिर्फ तुम्हारे जीवन में सफलता और असफलता का निर्धारण करता है। यह सच नहीं है। दरअसल तुम्हारा नजरिया तो तुम्हारे सम्पूर्ण जीवन-व्यापार में फैला हुआ है। विभिन्न घटनाओं या वस्तुओं को देखकर तुम क्या सोचोगे, अपने मित्रों के प्रति तुम्हारा व्यवहार कैसा होगा, दूसरों को खुशियां दे पाओगे या नहीं, जीवन के प्रत्येक पल का आनन्द ले पाओगे या नहीं, असफलताओं में तुम्हारी मानसिक स्थिति क्या होगी? ...... सब कुछ। सब कुछ तुम्हारे दृष्टिकोण पर निर्भर करता है। तुम्हारे जीवन में सफलता भी अन्ततः इसी का परिणाम है।

तो मित्रों! कामयाबी अर्जित करने के लिए आप सकारात्मक दृष्टिकोण का विकास कीजिए। यह आपका सबसे बड़ा मददगार साबित होगा।

सकारात्मक दृष्टिकोण का विकास

"सकारात्मक दृष्टिकोण का विकास कीजिए"; यह शब्द तब तक अधूरे कहे जा सकते हैं, जब तक कि व्यक्ति को यह ज्ञात न हो कि सकारात्मक दृष्टिकोण का विकास किस प्रकार सम्भव है?

अब तक आप सभी जान चुके हैं कि दृष्टिकोण क्या है? किसी भी प्रकार की समस्या या किसी भी प्रकार की अनचाही घटना से बचने के लिए आप क्या प्रतिक्रिया करते हैं? लक्ष्य को प्राप्त करने के लिए आपकी रणनीति क्या हो सकती है? या किसी वस्तु को देखने या उसके बारे में विचार करने का आपका नजरिया क्या है? किसी भी

कठिन परिस्थिति में आप किस प्रकार सोचते हैं? ये सभी बातें आपके दृष्टिकोण के अन्तर्गत आती हैं। किसी भी समस्या को लेकर आप एक हल सुझाते हैं। आपका एक मित्र उसी समस्या को लेकर दूसरा हल सुझाता है। दूसरा मित्र उसी समस्या के सन्दर्भ में आप दोनों से भी अलग हल सुझाता है। समस्या एक ही है, हल अलग-अलग हैं। तीनों मित्रों का एक ही समस्या को लेकर दृष्टिकोण भिन्न है। क्यों? क्या कारण है? जब कभी आप किसी विशेष समय पर कोई प्रतिक्रिया करते हैं या कोई विचार प्रस्तुत करते हैं, तो वह प्रतिक्रिया या विचार आपके आन्तरिक सन्तुलन अर्थात् अन्तर्मन से प्रेरित होता है। आप अन्दर से कितने मजबूत हैं या कितने कमजोर हैं। आपकी प्रतिक्रिया या विभिन्न चीजों के प्रति आपका दृष्टिकोण इसी तथ्य पर आधारित होता है। आपके शब्द, आपके कार्य या आपके हाव-भाव ही आपके दृष्टिकोण के बारे में सब कुछ कहते चले जाते हैं।

एक व्यक्ति ने एक सुन्दर भवन का निर्माण कराया। निर्माण-कार्य पूर्ण होने के बाद उसका एक मित्र उसका भवन देखने आया। भवन अति सुन्दर था। उस व्यक्ति ने उत्साहपूर्वक अपने मित्र को पूरा भवन दिखाया और उसकी विशेषताएँ बतायीं। अन्ततः उसका मित्र बोला - ''भवन का निर्माण तो आपने ठीक ही कराया, पर यदि तीसरे कमरे की दायीं दिवार पर एक खिड़की और होती तो अच्छा होता।

विचार कीजिए, उसके मित्र को भवन की ढेरों विशेषताओं के बावजूद एक कमी दिखायी दे गयी। किसी भी खूबसूरत वस्तु का अवलोकन करने से जो प्रसन्नता प्राप्त होती है, तब इस बात का विचार आने की सम्भावना ही कहाँ रहती है कि इसमें कोई त्रुटि भी हो सकती है। सच तो यह है कि नकारात्मक दृष्टिकोण के लोग त्रुटियाँ देखते नहीं, बल्कि उनकी तलाश करते हैं। नकारात्मक दृष्टिकोण चाहे किसी भी रूप में हो, सदैव व्यक्ति की कामयाबी की राह में बाधायें उत्पन्न करता है। **एक विचारक का कथन है - ''सकारात्मक दृष्टिकोण वाला व्यक्ति प्रत्येक मुसीबत में भी एक अवसर की तलाश करता है, जबकि नकारात्मक दृष्टिकोण वाला व्यक्ति प्रत्येक अवसर में भी एक मुसीबत की तलाश करता है। रात कभी इतनी अँधेरी नहीं होती कि आसमान में एक भी तारा न चमक रहा हो।**

इतिहास गवाह है कि जितने भी सफल और महान् लोग हुए हैं, वे सभी सकारात्मक दृष्टिकोण के धनी थे। मुसीबतें उन्होंने भी सहन कीं, असफलताएँ उन्हें भी मिलीं, कठिनाइयों से वे भी जूझे, दूसरों के व्यंग्यबाण उन्होंने भी झेले, उपहास उनका भी किया गया, यहाँ तक कि संघर्ष करते-करते वे जर्जर हालत में भी पहुँचे, लेकिन प्रतिकूल परिस्थिति में भी वे मुसीबतों से बचने के मार्गों की खोज में विचारशील रहे। मार्ग में आने वाली बाधाओं को उन्होंने लक्ष्य-प्राप्ति के लिए एक सीढ़ी बनाया। उनसे घबराये नहीं, उन्हें एक चुनौती के रूप में लिया। अन्ततः वे कामयाब हुए।

आप महान् वैज्ञानिक एडीसन के बारे में क्या कहेंगे? जिन्होंने बल्ब का आविष्कार

करने के लिए 1200 से अधिक प्रयोग करने के बाद कामयाबी पायी थी। क्या आप कल्पना कर सकते हैं कि इतनी असफलताओं के बावजूद वह किस प्रकार अपना धैर्य बनाये रख सके कि एक दिन तो मैं बल्ब बनाकर ही रहूँगा। निःसन्देह ढेरों असफलताओं के बाद भी उन्होंने स्वप्न में भी न सोचा होगा कि मैं बल्ब का आविष्कार नहीं कर सकूँगा। यह विचार तो उनके मस्तिष्क में कभी आया ही नहीं होगा। किसी भी प्रयोग के असफल जाने के बाद निश्चित रूप से **उन्होंने उसी प्रयोग में कुछ ऐसा अवश्य देखा होगा, जिसने उन्हें पुनः कार्य करने को प्रेरित किया होगा।** जबकि नकारात्मक दृष्टिकोण तो व्यक्ति को पनपने ही नहीं देता और उसे सरलता से पराजित होने पर मजबूर कर देता है।

आप विचार कीजिए, आपने कोई प्रयास किया और आप असफल हो गये। आप में से कुछ लोग झुँझलाहट के शिकार हो जायेंगे। कुछ लोग अपनी पराजय स्वीकार कर सकते हैं, जबकि कुछ लोग अपनी असफलता के कारणों पर विचार करेंगे, अपने परिणामरहित प्रयास के बारे में सोचेंगे। **अन्ततः उन्हें अपने परिणामरहित प्रयास में भी कोई ऐसी बात अवश्य दिख जाती है, जिसको जानने के बाद वे खुश हो उठते हैं, प्रसन्न हो जाते हैं** और अन्ततः इसी बात को अपना प्रेरणास्त्रोत बनाकर वे पुनः प्रयास करने का साहस कर जाते हैं।

एक जीत कभी भी सिर्फ एक जीत नहीं हो सकती। उसे प्राप्त करने के लिए बहुत कुछ खोना भी पड़ता है। यदि तुमने कभी कोई बड़ी कामयाबी अर्जित की है तो याद करो जबकि कुछ दूसरे लोग अपने आनन्द में डूबे हुए थे, उस समय तुम काम कर रहे थे। इसलिए तुम निश्चित जान लो कि कुछ पाने के लिए सदैव कुछ खोना पड़ता है लेकिन जीत की स्थिति में खोने का एहसास जीत की प्रसन्नता तले दब जाता है। ठीक उसी प्रकार एक हार सिर्फ एक हार कभी नहीं हो सकती। क्या तुम न्यूटन के क्रिया–प्रतिक्रिया सिद्धान्त को जानते हो? अर्थात् संसार की प्रत्येक क्रिया के प्रत्युत्तर में प्रतिक्रिया अवश्य होती है। जब तुम पृथ्वी पर चलते हो तो दरअसल तुम पृथ्वी पर जितना बल लगाते हो, ठीक उतना ही बल पृथ्वी तुम्हारे तलवों पर लगाती है और इस प्रकार तुम चल पाते हो। इसलिए निश्चित सिर्फ यही है कि प्रत्येक दुःख में सुःख, प्रत्येक असफलता में सफलता की कुछ बातें अवश्य छुपी होती हैं। पर तुमसे भूल यह होती है कि अक्सर पराजय का एहसास दूसरी अन्य चीजों पर भारी पड़ जाता है। तुम्हें असफलता की स्थिति में निराश होने की नहीं उस चीज को तलाश करने की आवश्यकता है जो तुम्हारे असफल होने के बावजूद तुम्हें मिली है। सकारात्मक दृष्टिकोण यही कार्य करता है।

क्या अब आप विश्वास कर सकते हैं?

1. सकारात्मक दृष्टिकोण के विकास की प्रक्रिया की शुरुआत तो अब हुई है।
2. संसार में कुछ भी निश्चित रूप से सकारात्मक या नकारात्मक नहीं कहा जा सकता। एक नकारात्मक दृष्टिकोण का व्यक्ति सदैव उन चीजों की तलाश

करता है, जो उसे आगे न बढ़ने या किसी व्यक्ति अथवा वस्तु की प्रशंसा न करने के लिए सम्बल देती प्रतीत होती हो। क्योंकि यही चीजें तो उसकी वास्तविक प्रवृत्ति को सन्तुष्ट करने का कार्य करती हैं।

3. ठीक इसी प्रकार एक सकारात्मक दृष्टिकोण का व्यक्ति भयंकर मुसीबत में भी उन चीजों की तलाश करता है, जिनको आधार बनाकर या जिनके बहाने से वह स्वयं को सन्तुष्ट करते हुए पुनः आगे बढ़ने का प्रयास कर सके। क्योंकि किसी भी प्रकार की मुसीबत में वह आगे बढ़ना चाहता है अर्थात् यही उसकी प्रवृत्ति है। उसे तो आगे बढ़ने का बहाना चाहिए बस, और कुछ नहीं। यह आवश्यक नहीं कि जिस मार्ग को वह आगे बढ़ने का माध्यम समझ रहा है, वह बहुत अधिक उपयोगी हो। पर वह उस पर चलेगा। असफलता की स्थिति में फिर नया मार्ग तलाश करेगा।

4. **अर्थात् आगे बढ़ने की तीव्र एवं पवित्र इच्छा ही व्यक्ति में सकारात्मक दृष्टिकोण का विकास करती है।**

5. आगे बढ़ने की तीव्र इच्छाशक्ति खुद पर दृढ़ विश्वास से उत्पन्न होती है।

6. ऐसा व्यक्ति बड़ी से बड़ी मुसीबत में भी आगे बढ़ने का कम से कम एक मार्ग अवश्य ही खोज लेता है, क्योंकि आगे बढ़ना उसका स्वभाव है।

7. अर्थात् सकारात्मक दृष्टिकोण के विकास के लिए **प्रधान तत्त्व आगे बढ़ने की तीव्र इच्छा है।**

8. यदि आप मुसीबतों में न घबराते हुए उन पर धैर्यपूर्वक विचार करें कि अब आगे किस प्रकार बढ़ा जाये, तो निश्चित रूप से आप कोई न कोई उचित मार्ग खोज निकालेंगे। यही आपके दृष्टिकोण का सकारात्मक विकास है।

9. यद्यपि मनुष्य की सदैव आगे बढ़ने की प्रवृत्ति भी उसके सकारात्मक दृष्टिकोण का ही परिणाम है, लेकिन इसका विपरीत भी अच्छे परिणाम देता है अर्थात् आगे बढ़ने की इच्छा मन में जगाने का प्रयास करके भी सकारात्मक दृष्टिकोण का विकास किया जा सकता है। आप अपने जीवन के उत्थान के लिए सोचने का यह तरीका अपनाकर तो देख ही सकते हैं। परिणाम देखकर आप स्वयं ही प्रसन्न हो उठेंगे।

10. वस्तुतः सकारात्मक दृष्टिकोण कुछ भी नहीं है सिवाय इसके कि प्रतिकूल परिस्थिति में भी आप आगे बढ़ना चाहते हैं।

पर मित्रों! अभी भी कुछ प्रश्न अनुत्तरित हैं, कुछ बातें अधूरी प्रतीत होती हैं। संसार में तो अलग-अलग तरह के ढेर सारे व्यक्ति हैं और वे सभी अलग-अलग तरह की मुसीबतों का सामना करते हैं। यद्यपि उनके लिए इतना जानना पर्याप्त है कि उन्हें सकारात्मक दृष्टिकोण का विकास कर लेना चाहिए अर्थात् यदि उनके अन्दर आगे

बढ़ने की तीव्र इच्छा है, तो वे रास्ते स्वयं ही बना लेंगे। लेकिन प्रायः देखा जाता है कि कुछ लोग मुसीबतों में बुरी तरह टूट जाते हैं। आप उनसे कितना भी कह लीजिए कि हिम्मत रखो, सकारात्मक सोचो लेकिन वे ऐसा नहीं कर पाते, रास्ते उन्हें नजर नहीं आते। क्यों? क्या कारण है?

और कारण है कि उस समय उन्हें अच्छी एवं उत्साहजनक बातें कहने से कहीं अधिक आवश्यक यह है कि उस स्थिति में भी उनके खुद के अन्दर की अच्छी एवं उत्साहजनक बातें खोज ली जायें, जो उनके अन्दर हैं भी। प्रतिकूल परिस्थितियों में भी जो बातें उन्हें आगे बढ़ने को प्रेरित कर सकती हैं, उन्हें उन बातों को जानने की आवश्यकता है। **कहने का तात्पर्य यह है कि जो उनकी मुसीबत है, उसी मुसीबत में कुछ न कुछ ऐसा अवश्य छिपा हुआ है, जो उन्हें प्रेरित कर सकता है।** पर समस्या यह है कि व्यक्ति को उसकी खुद की शक्तियों का एहसास न कराते हुए, उसकी समस्याओं को समझे बिना ही, उसे प्रेरित करने के लिए कुछ कॉमन बातें इस संसार में हैं। अधिकांश लोगों के पास अपनी-अपनी विचारधाराएँ हैं और वे इन विचारधाराओं को दूसरों पर आरोपित करना चाहते हैं। ऐसा करके अंजाने में ही वे दूसरों की समस्याओं का समाधान न कर पाने का उपक्रम भर कर रहे होते हैं। औषधि कितनी भी उपयोगी क्यों न हो, लेकिन यदि वह व्यक्ति की बीमारी के अनुकूल नहीं है, तो सिर्फ उसे नुकसान ही पहुँचा सकती है। इसलिए व्यर्थ में प्रेरणात्मक शब्दों का कोई अर्थ नहीं होता। पहले दूसरों की समस्या की जड़ तक पहुँचना आवश्यक है।

मैं कभी भी किसी व्यक्ति को अपना अनुगामी बनाने का अपराध करना नहीं चाहूँगा। हो सकता है कि वह मेरी बातें सुनकर कोई कामयाबी प्राप्त कर ले। पर सम्भावना इस बात की अधिक है कि वह खोयेगा। क्योंकि मनुष्य सबसे अच्छे परिणाम तब देता है, जबकि योजनाएँ उसकी अपनी हों, उनमें मौलिकता हो। ऐसी स्थिति में यदि वह असफल भी होता है, तब भी उसका साहस स्थिर रहेगा। कारण यह है कि योजना उसकी अपनी थी और ऐसा होना इस बात की गारण्टी है कि उसने उस कार्य पर चिन्तन किया है अर्थात् वह अपनी असफलता के कारणों को निश्चित रूप से जानता है। अब इस असफलता के बाद भी कामयाबी की भूख उसके अन्दर बने रहना स्वाभाविक है। वह अपनी मौलिक योजना पर कार्य करके इच्छित परिणाम प्राप्त करने के सुखद आनन्द की प्राप्ति के लिए अब से नहीं, बहुत पहले से ही प्रयासरत है। यही कारण है कि दूसरों को खुद का अनुगामी बनाना मैं एक अपराध मानता हूँ। किसी कार्य-विशेष के लिए लोगों को संगठित करके उनका नेतृत्व करना एक अलग बात है। हाँ उन्हें सही तरह से, सही दिशा में प्रेरित किया जा सकता है और जब वे किसी प्रेरणा के चलते कार्य करने को तैयार एवं सक्षम हो जायें, तो उन्हें उनके हाल पर छोड़ देना ही श्रेयस्कर है।

1. बाहरी प्रेरणा आपको सिर्फ लक्ष्य का निर्धारण करने को प्रेरित कर सकती है।

2. लेकिन लक्ष्य पर कार्य करने की अर्थात् उस पर परिश्रम करने की प्रेरणा आपके अन्तर्मन अर्थात् खुद आपके अन्दर से आती है।

3. अन्तर्मन की शक्तियों को कुछ सिखाना सम्भव नहीं है। यह एक हास्यापद बात है। हाँ उनके बारे में दूसरों को विश्वास कराया जा सकता है कि वे हैं।

4. जिस व्यक्ति ने इतना जान भर लिया कि उसके पास शक्तियाँ हैं। वह सकारात्मक दृष्टिकोण तो क्या? बहुत-सी अन्य विशेषताओं का स्वामी खुद ही हो जायेगा।

5. इसलिए सिर्फ अपने मन की सुनें, दूसरा कोई आपको कुछ नहीं सिखा सकता। यहाँ तक कि किसी भी पुस्तक का उद्देश्य सिर्फ उन नकारात्मक चीजों का निराकरण करना होता है, जो किसी कारणवश आपके मन में घटित हुई हैं। ये नकारात्मक घटनाएँ आपके साथ भी हो सकती हैं और मेरे साथ भी। कोई भी पुस्तक आपको रास्ता नहीं बता सकती, बस एक दृष्टि दे सकती है।

6. प्रत्येक व्यक्ति की समस्याएँ एक-सी नहीं होती।

7. यदि वे एक-सी हैं, तो उनके कारण भिन्न-भिन्न हो सकते हैं।

8. कोई धन के अभाव से परेशान है, किसी ने प्रसिद्धि की इच्छा की है, किसी ने अपना प्रेम खोया है, किसी को अपना लक्ष्य नहीं मिल पा रहा है आदि।

9. विभिन्न समस्याओं में सकारात्मक दृष्टिकोण रखने का सीधा-सा अर्थ है, उन्हें पहचानिए और उनसे उत्पन्न कठोर परिस्थिति से बाहर निकलने का मार्ग खोजिए।

10. क्योंकि समस्या एवं उसके कारणों को जाने बिना, ''सकारात्मक दृष्टिकोण रखें, हिम्मत मत हारें,'' इसका कोई अर्थ नहीं बनता। पर जब आप समस्या और उसके कारणों को जान लेते हैं, तब आगे बढ़ने का मार्ग भी आपको वहीं से मिलना निश्चित है।

जिस प्रकार मनुष्य का रक्त सिर्फ और सिर्फ उसके शरीर में ही निर्मित हो सकता है। ठीक इसी प्रकार जैसे सकारात्मक विचारों की आवश्यकता तुम्हें हैं, वे सिर्फ तुम्हारे और सिर्फ तुम्हारे ही मस्तिष्क में जन्म ले सकते हैं। तुम्हारी परेशानियों को तुमसे बेहतर कोई दूसरा नहीं जान सकता। इसलिए प्रतिकूल परिस्थितियों में जहां तक तुम्हारा सकारात्मक चिन्तन करने का प्रश्न है तो अपने आपको देखो, अपनी परेशानियों को ध्यान में रखते हुए मार्ग का चुनाव करो। तुम चाहे कितनी भी अच्छी बातें क्यों न सुन लो, कितने भी महान विचारों को क्यों न पढ़ लो। अधिक दूर मत जाओ, इस पुस्तक के ही एक-एक विचार को कंठस्थ क्यों न कर लो लेकिन तुम कुछ नहीं कर सकते। जब तक कि तुम अपने आपको नहीं देखते क्योंकि तुम्हारी परेशानियों के समाधान के लिए तुमसे बेहतर कोई दूसरा तो हो नहीं सकता। मेरे अन्दर तो इतना साहस भी

नहीं है कि मैं एक रिक्शाचालक या मजदूर से भी कह सकूं कि मैं तुमसे अधिक क्षमतावान हूं। यदि मैं ऐसा कहता हूं तो या तो यह मेरा व्यर्थ का अभिमान है या मेरी मानसिक अपरिपक्वता है। दरअसल इस संसार में हमने मनुष्य की क्षमताओं को लेकर ढेर सारे मिथक खड़े कर लिये हैं। न जाने कितने लोग इन मिथकों के चलते ही पुनः आगे बढ़ने का साहस नहीं कर पाते। तुम युवा हो, तुममें शक्ति है। मानो इसे, महसूस करो और समस्त मिथकों को तोड़ डालो। याद रखो मुसीबत चाहें कितनी भी बड़ी क्यों न हो, पर रास्ते हैं। तुम उन्हें खोजने का प्रयास भी तो करो। वे दिखेंगे, तुम्हें ही दिखेंगे, निश्चित रूप से दिखेंगे। बस यही तुम्हारा सकारात्मक दृष्टिकोण और उसका विकास है।

तो मित्रों! सकारात्मक दृष्टिकोण के लिए जो आवश्यक तत्त्व हैं, वे हैं - ''आगे बढ़ने की तीव्र इच्छा, योजनाओं में मौलिकता, अपने व्यक्तित्व पर श्रद्धा एवं अपनी ही समस्याओं पर भलीप्रकार चिन्तन करते हुए, उनसे निकलने के मार्ग की तलाश।''

याद रखिए आपको आगे बढ़ना है और ऐसा करने की शक्ति आपके अन्दर है। आपके संकल्प के सम्मुख तो संसार की सभी वस्तुएँ, सभी मान्यताएँ भी छोटी रह जायेंगी।

सकारात्मक दृष्टिकोण के लाभ

1. किसी भी प्रकार की विपत्ति से आप शीघ्र ही एवं सही तरीके से बच सकेंगे।

2. किसी भी वस्तु या घटना को देखकर विचार तो आप सभी दे सकते हैं, पर कौन-सा विचार सर्वोत्कृष्ट होगा, इसका निर्धारण आपका दृष्टिकोण ही करता है और यदि आप सकारात्मक दृष्टिकोण रखते हैं, तो निःसन्देह आप लाभ की स्थिति में हैं।

3. कोई भी कार्य आपके लिए कठिन नहीं है। आपसे उसका होना या न होना इस बात पर निर्भर करता है कि आप उसके बारे में सोचते क्या हैं? उस कार्य को लेकर आप गम्भीर हैं या नहीं? अर्थात् आपका दृष्टिकोण ही आपको सफल या असफल बनाने का कार्य करता है।

4. व्यक्ति का नकारात्मक दृष्टिकोण मुसीबत में फँसने पर सर्वप्रथम तो हल ही नहीं देता और यदि देता भी है, तो उसका आधार सदैव कमजोर होता है।

5. आपकी कितनी भी योजनाएँ असफल क्यों न हो जायें, आपके पास सदैव कुछ नयी योजनाएँ सदैव तैयार रहेंगी।

सकारात्मक दृष्टिकोण के तत्त्व

(क) हम अपने रोजमर्रा के जीवन में कुछ घटनाओं का सामना करते हैं।

(ख) हमारी कुछ विशेषताएँ जिनके हमारे अन्दर होने से हम सकारात्मक दृष्टिकोण बनाये रख सकते हैं।

ये दोनों बातें हमारे लिए मददगार साबित हो सकती हैं।

(क) प्रतिदिन के जीवन से सम्बन्धित

1. **आपके विचार** – व्यक्ति के विचारों का प्रभाव उसके दृष्टिकोण पर पड़ता है। वह जैसा विचार करता है, उसका दृष्टिकोण भी उसी दिशा में विकसित होता चला जाता है। सकारात्मक दृष्टिकोण होने के लिए यह आवश्यक है कि आपके विचार अच्छे, पवित्र, उत्साह से भरे हुए एवं तेजपूर्ण हों। स्वामी विवेकानन्द कहते हैं कि हमें अपने मस्तिष्क को शान्ति, साहस एवं आशा के विचारों से भर लेना चाहिए, क्योंकि आप जैसा सोचते हैं, वैसे ही बनते चले जाते हैं। इसलिए आप अपने मस्तिष्क में अच्छे एवं पवित्र विचारों को सँजोकर रखिए। पवित्र विचार आपके दृष्टिकोण को इच्छित दिशा में मोड़ने में सक्षम हैं। आप महापुरुषों के उत्साहजनक, अच्छे विचारों पढ़ सकते हैं। अच्छी पुस्तकों का अध्ययन या अच्छी मुलाकातें भी आपके दृष्टिकोण का सकारात्मक दिशा में विस्तार करती हैं।

2. **अच्छे एवं उत्साही लोगों का साथ कीजिए** – प्रतिदिन आप जितने लोगों से मिलते हैं, बातें करते हैं, तो आप दोनों के विचारों के आदान–प्रदान से आप पर अच्छा या बुरा प्रभाव अवश्य पड़ता है। आपको प्रयास करना चाहिए कि बुरे, निरर्थक बातें करने वाले या नकारात्मक दृष्टिकोण के व्यक्ति से दूर ही रहा जाये। अच्छे, उन्नत विचारों वाले और उत्साही लोगों का ही साथ किया जाये। नकारात्मक दृष्टिकोण का व्यक्ति आपका दृष्टिकोण भी नकारात्मक बना सकता है, जबकि उत्साही लोग आपके दृष्टिकोण को भी सकारात्मकता प्रदान करने में सक्षम हैं।

ख. आपकी विशेषताएँ –

1. **आत्मविश्वास** – अपनी शक्तियों में विश्वास रखने वाला व्यक्ति विपरीत परिस्थितियों में भी कभी नहीं घबराता। वह सदैव अपनी वर्तमान स्थिति से अच्छी स्थिति प्राप्त करने को प्रयासरत रहता है। यही कारण है कि आत्मविश्वासी लोग सकारात्मक दृष्टिकोण के स्वामी होते हैं। उनके शब्दों से ऐसा कभी नहीं लगता कि कोई विशेष कार्य उनके लिए असम्भव है। वे प्रत्येक निराशा में भी आशा की किरणें खोज ही लेते हैं। उनकी दृष्टि सदैव अपने लक्ष्य पर रहती है और इसलिए मार्ग में आने वाली किसी भी कठिनाई को विजित करने के रास्ते की तलाश करने में उन्हें देर नहीं लगती।

2. **साहस** – ''आत्मविश्वास के बाद आने वाली कड़ी का नाम 'साहस' है। साहसी व्यक्तियों का इतिहास कहता है कि कठिन से कठिन कार्य को भी करने में उन्होंने उत्सुकता दिखायी, प्रयास किये। अन्ततः कामयाब भी हुए। आपका साहसी होना भी आपके दृष्टिकोण को सकारात्मकता प्रदान करता है। आप किसी भी कार्य को लेकर यह कभी नहीं कहेंगे – क्या ऐसा हो सकता है? आप कहेंगे – ''हाँ मैं ऐसा कर दिखाऊँगा''। नेपोलियन बोनापार्ट का नाम आप जानते ही हैं। उनका कथन है कि ''असम्भव'' नाम का शब्द मूर्खों के शब्दकोश में होता है।'' उनके जीवन की घटनाएँ भी उनके शब्दों को प्रमाणित करती हैं। उन्होंने आल्पस की पहाड़ियों को पार किया था एवं अपने सभी सैनिकों को भी यह असम्भव-सा दिखने वाला कार्य करने को प्रोत्साहित किया। इन पहाड़ियों के बारे में उस समय कहा जाता था, कि इन्हें कोई भी पार नहीं कर सकता। यह साहसी बोनापार्ट का दृष्टिकोण ही था जिसके कारण वह यह सोच सका कि यह कार्य सम्भव है।

सकारात्मक दृष्टिकोण की शक्ति (Power of Positive Attitude)

एक बार एक भयंकर युद्ध हुआ। दोनों तरफ की सेनाओं में संघर्ष जारी था। अचानक युद्ध के दौरान एक सेना के लिए एक ऐसी स्थिति आ गयी, जिसे यदि सुलझाया न जाता, तो एक बड़ी हानि और अन्ततः हार निश्चित थी। पर हालात ऐसे थे कि उसे सुलझाने के प्रयास में खतरे बहुत थे एवं जान जाने की सम्भावना निन्नायानबे प्रतिशत थी। सेना प्रमुख परेशान हो उठा, क्योंकि उसके अधिकांश सैनिक उस क्षेत्र में जाने से कतरा रहे थे, जहाँ कदम-कदम पर खतरा था। वे आत्मसमर्पण करने को तो तैयार थे, लेकिन जान देने को नहीं। सेना प्रमुख स्वयं वहाँ जाकर अपनी सेना को नेतृत्वविहीन करना नहीं चाहता था। अन्ततः एक नौजवान वहाँ जाने को तैयार हुआ। दूसरे सभी लोगों ने उसे सहानुभूतिपूर्वक देखते हुए शुभकामनाएँ दीं। पर सभी को उम्मीद थी कि इसकी मृत्यु और हमारी पराजय निश्चित है। पर उस नौजवान ने प्रत्येक खतरे का साहस से सामना किया। पल-प्रतिपल मृत्यु से खेलते हुए भी वह विजयी होकर वापस लौटा। उसकी सेना में एक नये उत्साह का सृजन हुआ।

पर सभी हैरान थे। सेना प्रमुख ने उससे पूछा कि तुम इतनी कठिन परिस्थितियों में भी किस प्रकार यह कार्य सम्भव कर सके? क्या तुम्हें अपनी मृत्यु का भय नहीं लगता था?

उसने जवाब दिया – ''सर मैं सोचता था कि जब तक मैं जीवित हूँ, तब तक कोई व्यक्ति या वस्तु मुझे कैसे मार सकती है?''

एक व्यक्ति (A) को प्यास लगी है अर्थात उसके मन में प्यास घटित हो रही है। (A) को जल की तलाश है।

(A)

एक व्यक्ति (B) को भूख लगी है, क्योंकि उसके मन में भूख घटित हो रही है। (B) को भोजन की तलाश है।

(B)

हमारे मन में जैसे विचार (प्रगति के, अवनति के, हम समस्याओं पर बहुत चर्चा करते हैं, स्वयं को ही असफल कहते हैं आदि) घटित होते हैं, हमें उसी चीज की तलाश होती है।

(A) कैसे कामयाब हो गया। यह तो गलत हुआ

(B)

(B) काम कर रहे हैं। कामयाबी के लिए ही परिश्रम कर रहे हैं, लेकिन इनके मन में नाकामयाबी घटित हो रही है। इन्हें नाकामयाबी की ही तलाश है।

अच्छा हुआ, (A) कामयाब हुआ

(C)

(A)

(A) बहुत खुश है, वह कामयाब हो चुका है।

(C) के मन में कामयाबी घटित हो रही है और यह कामयाबी की ही तलाश में है।

सदैव अच्छा सोचो, अच्छा बोलो। जीवन में कितनी भी बार असफल क्यों न होना पड़े, लेकिन अपने बारे में सदैव अच्छा सोचो, उत्साहजनक सोचो। दूसरों की कामयाबी पर भी खुश होना सीख लो।

थॉमस अल्वा एडीसन

Multimeter

Voltage Source

Resistence 2 ohm

wire

Amiter

Voltage Source

Battery

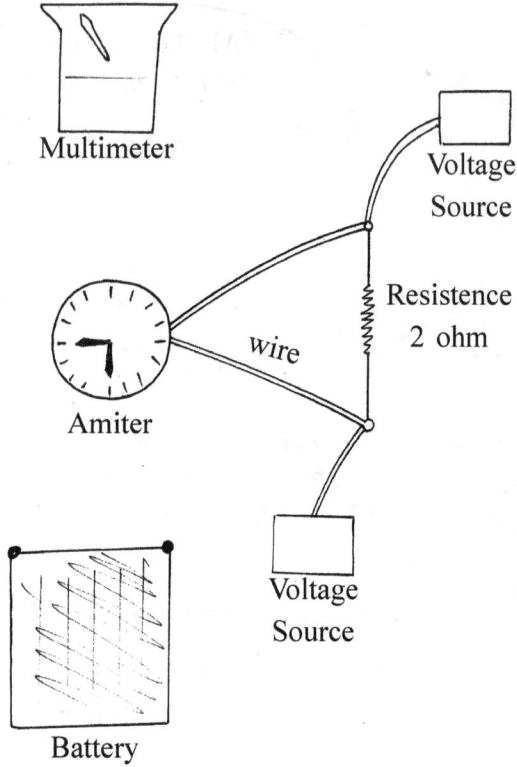

मान लीजिए कि यह एडीसन का बल्ब बनाने के क्रम में एक असफल प्रयोग (Experiment) है। अब यदि एडीसन सकारात्मक दृष्टिकोण (Positive Attitude) के धनी हैं तो इसके लिए—

(i) एडीसन के मन में बल्ब बनाने की तीव्र इच्छा होनी चाहिए।

(ii) बल्ब बनाने की तीव्र इच्छा एडीसन को अपने असफल प्रयोग पर सोचने अर्थात् असफलता के कारणों को जानने के लिए चिन्तन करने पर विवश करेगी। तब उनके मस्तिष्क में अपने कार्य के सन्दर्भ में नये विचार जन्म लेंगे। अन्ततः यही विचार उनके कार्य को आगे बढ़ा सकते हैं। उन्हें अपने असफल प्रयोग में ही कोई सकारात्मक बात मिलना निश्चित है।

(iii) यदि उनका उद्देश्य निश्चित है (बल्ब बनाना) तो माध्यम कुछ भी हो सकता है। कुछ नये विचार उन्हें मिल ही चुके हैं। अब एडीसन एक नये प्रयोग के लिए तैयार हो चुके हैं। यही उनका सकारात्मक दृष्टिकोण है।

आगे बढ़ने की तीव्र इच्छा + असफलताओं का विश्लेषण + निश्चित लक्ष्य = Positive Attitude

थॉमस अल्वा एडीसन

आगे बढ़ने की तीव्र इच्छा + असफलताओं का विश्लेषण + निश्चित लक्ष्य = Positive Attitude

एडीसन को नहीं पता था कि बल्व बन पायेगा लेकिन इसके बावजूद एडीसन ने बार-बार प्रयास किये (लगभग 1200)।

अर्थात् एडीसन को भले ही न पता हो कि बल्ब बनेगा (भविष्य की जानकारी नहीं है) पर एडीसन को खुद पर विश्वास है कि मैं बल्ब बना लूँगा।

क्योंकि **लक्ष्य निश्चित** है तो स्वाभाविक रूप से उसकी तरफ बढ़ने की कोशिश होनी चाहिए। जब विश्वास भी है कि मैं बल्ब बना लूँगा, तो आगे **बढ़ने की तीव्र इच्छाशक्ति** स्वाभाविक है।

कोई भी बड़ा कार्य एक बार में सम्पूर्णता तक नहीं पहुँचता। अकसर असफलताएँ मिलती हैं। पर क्योंकि आगे बढ़ना ही है, अतः **असफलताओं के विश्लेषण** के अतिरिक्त कोई रास्ता ही नहीं होता।

असफलताओं का विश्लेषण। किसी भी बड़े कार्य के पूर्ण होने का यही एकमात्र रास्ता है।

ध्यान दीजिए, एडीसन के लिए कोई भी सकारात्मक पक्ष पहले से ही उपलब्ध नहीं था। कोई भी ऐसी सकारात्मक घटना नहीं थी जो उनका इन्तजार कर रही थी। अन्ततः जो कुछ भी सकारात्मक घटित हुआ, उसे बनाया गया था।

संसार में कुछ भी सकारात्मक या नकारात्मक नहीं है। सकारात्मक या नकारात्मक उसे बनाया जाता है।

समस्याओं का समाधान
तेनारीराम के संग

–विशाल गोयल

तेनालीराम विजयनगर साम्राज्य के संस्थापक राजा कृष्णदेव राय के मन्त्रिमण्डल (अष्टदिग्गजों) में से एक, राजा के प्रमुख सलाहकार एवं राज-विदूषक थे। वे राजा की राजसभा (भुवन-विजयम्) के एक आधार-स्तम्भ और गौरव थे। कृष्णदेव राय का राज्यकाल सन् 1509 से सन् 1529 तक माना जाता है।

कृष्णदेव राय की गणना सम्राट् अशोक, समुद्रगुप्त और हर्षवर्द्धन जैसे महानायकों के समकक्ष की जाती है। इसी प्रकार तेनालीराम की गणना आचार्य चाणक्य की तरह कूटनीतिज्ञ, बीरबल की तरह चतुर, हाजिरजवाब और शालीन हास्यकार के रूप में की जाती है।

यह पुस्तक तेनालीराम और राजा कृष्णदेव राय के बीच घटने वाली 74 घटनाओं का कहानियों के रूप में रोचक, शिक्षाप्रद व नीतिपरक बातों का संकलन है। प्रत्येक कहानी के अन्त में कहानी से मिलने वाली शिक्षा, और उससे सम्बन्धित नीति आम भाषा में इस ढंग से प्रस्तुत किया गया है, जो आत्मसात करने में सरल हो। लेखक ने अपने देश की लोक-परम्परा को दृष्टिगत रखते हुए उक्त कहानियों को अपने शब्दों में, रेखाचित्रों के माध्यम से प्रस्तुत किया है। ये कहानियाँ देश-काल की सीमा में नहीं बाँधी जा सकतीं।

इन कहानियों को आप जितनी बार पढ़ेंगे, इसकी गूढ़ बातें आपके समक्ष परत-दर-परत खुलती जायेंगी, जो आपको शिक्षा भी देंगी, ज्ञान भी बढ़ायेंगी, मनोरंजन भी करेंगी और जीवन में सफल होने के लिए आपको प्रेरित भी करेंगी। इस पुस्तक को आप अवश्य पढ़ें।

डिमाई आकार   पृष्ठ : 264

मूल्य: ₹ 135/-   डाकखर्च : 15/-

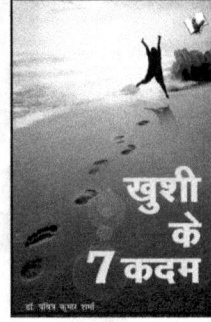

खुशी के 7 कदम

–पवित्र कुमार शर्मा

खुशी प्रेम, दया और मन की शान्ति - ये सभी ईश्वर की ओर से मानव को मिले हुए अनमोल वरदान हैं। सृष्टि का प्रत्येक व्यक्ति अपने जीवन में मन की प्रसन्नता चाहता है। खुशी कोई ऐसी वस्तु नहीं है, जिसे बाजार से खरीदा जा सके। तब यह खुशी मिलेगी कैसी? मन की सच्चाई, सफाई, ईमानदारी और वफादारी की उज्ज्वल भावनाएँ मन की खुशियों के मूल स्रोत हैं। संसार के अधिकतर लोग अपने जीवन की खुशी घर से बाहर खोजने का प्रयास करते हैं, किन्तु उन्हें वास्तविक खुशी नहीं मिलती। मन से जब खुशी गायब होती है, तब व्यक्ति को अनेक चिन्ताएँ और इच्छाएँ परेशान करने लगती हैं।

खुशी बच्चों की निर्मल हँसी की तरह सभी को लाभ देती है। क्योंकि बच्चों के अन्दर सयानों की भाँति क्लिष्टता, दुरूहता, चालाकी या सयानापन नहीं है। वे अपनी खुशी बाँधकर नहीं रखते, सबके सामने अपनी खुशी को प्रकट करते हैं। आप भी सदैव खुश रह सकते हैं। इसके लिए लेखक ने 'सात उपाय' सुझाये हैं, जो 'खुशी के 7 कदम' शीर्षक से पुस्तक के रूप में आपके समक्ष प्रस्तुत है। लेखक ने खुशी के जिन सात कदमों का विवेचन किया है वे हैं- 1. खुशी को मिल कर बाँटिए 2. ईर्ष्या न करें 3. सबको आदर, सबको स्नेह दें 4. आध्यात्मिकता में रुचि 5. स्वाध्याय में रुचि 6. मन का सामंजस्य 7. सहनशीलता।

डिमाई आकार   पृष्ठ : 136

मूल्य: ₹ 88/-   डाकखर्च : 15/-

आत्म-सम्मान
क्यों और कैसे बढ़ाएँ?

–डॉ. नरेन्द्रनाथ चतुर्वेदी

प्रस्तुत पुस्तक में लेखक नरेन्द्रनाथ चतुर्वेदी ने आत्म-सम्मान का अर्थ बताते हुए उसके विकास एव उसे बढ़ाने हेतु तरीकों का उल्लेख किया है।

हम अपने आत्म-सम्मान को क्यों नहीं बनाये रख पाते हैं या वे कौन-कौन से तत्व हैं, जो हमें उससे वंचित रखते हैं, लेखक ने उन सभी कारणों व तत्वों पर गम्भीरता से विचार किया है और उसका एक रास्ता भी सुझाया है, जिसका अनुसरण करके हम अपने आत्म-सम्मान, स्वाभिमान, खुदी को बनाये व बचाये रख कर, एक सुखी व खुशहाल जीवन जी सकते हैं।

सभी के लिए अध्ययन व पढ़ने योग्य, यह पुस्तक आप अवश्य पढ़ें व सम्पूर्ण परिवार को भी पढ़ाएँ।

डिमाई आकार   पृष्ठ : 112
मूल्य: ₹ 96/-   डाकखर्च : 15/-

जीवन में सफल होने के उपाय

–स्वेट मार्डेन

विश्व विख्यात लेखक 'स्वेट मार्डेन' की बहुचर्चित पुस्तक "टू सक्सीड इन लाइफ" का अविकल हिन्दी रूपान्तर। अपने में छिपी शक्तियों को पहचानने, तनाव और निराशा से मुक्त होने, भय को दूर भगाने तथा कर्म का आदर करने के उपाय सुझाने वाली पुस्तक। यह प्रेरणा देती है, प्रोत्साहित करती है और व्यक्ति को आत्मविश्वास से भर देती है। बाधाएँ हटाकर रोशनी भरा रास्ता दिखाने वाला प्रकाश-स्तम्भ है- यह पुस्तक।

डिमाई आकार   पृष्ठ : 143
मूल्य: ₹ 96/-   डाकखर्च : 15/-

www.ingramcontent.com/pod-product-compliance
Lightning Source LLC
Chambersburg PA
CBHW061752270326
41928CB00011B/2480

* 9 7 8 9 3 8 1 5 8 8 5 0 5 *